戦争の記憶と国家

帰還兵が見た殉教と忘却の現代イラン

黒田賢治

世界思想社

戦争の記憶と国家

帰還兵が見た殉教と忘却の現代イラン

目次

図１　本書におけるイランおよびイラクの関係地図（筆者作成）

序章

UNESCO 世界遺産にも登録された中部ヤズドの歴史地区の街並み
(2018 年 3 月　筆者撮影)

一九七九年に革命が達成され、新たな国家建設をめぐって革命諸勢力が角逐するなか、イランは隣国イラクと一九八〇年から一九八八年まで交戦状態に突入した。いわゆるイラン・イラク戦争である。正式な宣戦布告から停戦まで約七年十一ヶ月[1]におよんだこの戦争は、二十世紀後半に起こった主権国家同士の戦争としてはもっとも長い。双方で数十万人を超えると言われる人間が亡くなったが、人海戦術を駆使したイラン側の被害がより顕著であった。今なお戦争の後遺症を抱えている人も少なくなく、この戦争がイラン社会に大きな爪痕を残してきたことは確かである。もう戦争を望む者などいるはずもないと考えるのが、過去の経験から導かれる当然の帰結に思える。

ところが「アラブの春」後の二〇一〇年代になると、イランは、隣国のイラク、シリア、あるいはイエメンなど周辺国の紛争に積極的に直接・間接的な介入を行ってきた。新たな傷を負うこの「選択」は、まだ戦争の傷跡を修復し続けていることと、一見すれば矛盾している。あるいは新たな傷を負おうとする者と、戦争の傷跡を修復しようとする者という、異なる主体が存在しているようにも見える。それはイランにおいて国家の支配体制を揺るがしかねない事態へと進んでいるということなのだろうか。

本書は、近年の周辺国への紛争介入行動を含めたイランの支配構造を、国家と結びついた「軍」を支える仕組みから検討する。近年では開発途上国の民主化における軍の役割が見直されてきたように[2]、軍は政治構造を捉えるうえで重要なアクターである。一般的な軍は国家機構内の武装兵力を備えた機関であるが、軍事政権はもとより、過去に軍事政権を経験してきた国家では、軍そのものが政治経済的な主体となることも少なくない。

　イランでは軍事政権が樹立されたことはないものの、独特の軍制度があるだけでなく、政軍関係についても特色があることが知られてきた。その特色とは、国家機構内の武装兵力機関でありつつも、制度的に担保されながら民間部門においてはネットワーク型の組織として、政治経済領域に関わってきたことである。本書で「軍」とよぶこうした存在が、二〇〇〇年代以降、イラン政治の表舞台で顕在化してきた。さらに、周辺国への紛争に積極的に介入する状況も生まれてきた。そこで本書では、「軍」や「軍」が作り上げてきた世界観や価値がどのように、日常の生活空間や人々のふるまいと結びついているのか、また「軍」がイラン社会のどのような人々に支えられてきたのかを順を追って明らかにしていく。

　第1章では、イラン政治と国際政治の歩みについて述べつつ、本書全体の問いとそれに対する取り組み、さらには問いに対するアプローチの方法について述べる。イランという国の歴史的な輪郭をつかみながら、本書が対象として扱う革命後のイランを取り巻く国内外の政治状況の変化に目を向けていく。国家体制の存続構造をめぐる「軍」の重要性と、「軍」の存在がイラン・イラク戦争とその戦後処理と深く関わっていることがわかるだろう。加えて、「軍」を支えるメカニズムについて質的にアプローチする必要性を述べた上で、本書の執筆にあたり行ったフィールドワークの概要について述べていく。

　本書を手にする読者のなかには、イランは遠い異国の地であり、ましてやイラン・イラク戦争とは縁遠いものであると感じるかもしれない。しかし時計を少し巻き戻せば、イランについても、イラン・イラク戦争についても、日本の社会から身近なところにあった。

NHK連続テレビ小説『おしん』（日本では一九八三年四月から一九八四年三月まで放映）は、イランでは一九八六年に毎週土曜日の夜に放映され、戦中には希少な娯楽ドラマとして人気を博した。「おしん」はイランの人々にとって日本を連想する言葉として近年に至るまで根強く定着している。一九九〇年代初頭、日本が先進国の中では唯一の相互査証免除協定国であったため、観光目的の滞在を名目に出稼ぎのために多くのイラン人が『おしん』の国を目指した。資格外就労と超過滞在をするイラン人の存在が徐々に明るみに出ると相互査証免除協定が一時停止された。そして一九九〇年の不法就労助長罪の施行と入管法の改正により、日本の雇用者は資格外就労者を解雇し、就労資格を持つ日系人の採用を進めていった。

当時ホームレス化したイラン人の存在は日本で社会問題となった。最大で約四万人と見積もられた超過滞在者の中心は、戦後復興期の経済的苦境のなかで働き盛りであった三十代～四十代の男性であった。[3] 彼らのなかにはイラン・イラク戦争の従軍経験者も少なからず含まれていた。彼らの来日の背景にあったイラン・イラク戦争は、どのようにして始まり、紆余曲折を経て停戦を迎えたのか。その後も戦争の経験は社会にどのような爪痕を残してきたのか。第2章ではイラン・イラク戦争をめぐる過去と現在の状況を、イラン側に焦点をあてながら追っていく。革命後のイランでの「軍」の各組織の成立と戦争の概要を示した上で、戦争を直接的に経験した世代の語りを通じて、イラン社会における戦争解釈をめぐる規範について明らかにしていく。その上で、戦争経験者の間では戦後どのような事柄が問い直され、再解釈されてきたのかについても検討を行う。

八年におよぶ戦闘によってイラン側だけでも二一万人を超える戦没者が生まれた。そして戦没者をめぐっては、他の近代国民国家と同様に、「国家のため命を捧げた英霊」として顕彰する言説が創り出された。他の国家と異なるのは、革命を経たイランにおいては、「殉教」をはじめとし、イスラームに由来する言説を発展させてきた点である。「殉教」という語りは今日における周辺国での紛争介入においても利用され、「あの英霊」と「この英霊」とを同じ俎上で扱うことを可能にした。第3章ではイランにおいて「英霊」を生み出す言説がいかに拡張・操作されてきたかについて明らかにする。「イスラーム」を身に纏(まと)うことでイランの英霊言説は私たちには異質に見えるかもしれないが、国家と国民の関係、国家の死生観、戦争と犠牲のレトリックといった他の近代国家にもある問題群を抱えている。このため、日本の状況とも重ね合わせて思索しうるものである。

筆者は、日本の社会では戦後第一世代の子供世代、つまり戦後第二世代であり、学校教育や書籍などを通して戦争に触れてきた。[4] 触れたといったのは、戦争を直接経験した世代がもっていたような膨大な知識や想像力とは大きく異なっているためである。現在では、戦争を直接経験した世代の証言と体験が記憶として集められ、[5] それらにアクセスできる環境が整備されることで大量の情報に接することができる。さらに、これまで経験者の間では知られつつも、語られにくかった「裏の記憶」[6] が突如として明らかにされることもある。戦争経験者たちの生の声をいかに受けとめて、継承していくかは長年の課題として模索されてきた[7]。

一九八八年八月二十日にイラン・イラク両国間での事前合意に基づいた停戦が実施され、それから三十年以上が経過した。従軍した兵士、戦没者遺族あるいは戦時下を生きた経験・体験者は、年を追うごとに減少し、戦争を知らない世代も増加してきた。第4章では、停戦から時間が経過するなかで展開してきた記憶をめぐるポリティクスについて、「記憶の場」としての博物館施設や記憶の保存活動について焦点をあてながら、戦争をめぐる個人の記憶はいかに継承されるのかという問題について検討を深める。一般的に戦争の経験や記憶を継承していくことは、暗黙裡に「されるべき」ことであると捉えられることが少なくない。しかしそれはまた「終わらない戦後」を生みだすことでもある点に留意したい。

イランの「終わらない戦後」が日本のそれと異なるのは、近年のイランにおいては周辺の紛争介入に積極的に介入するようになってきたことに加え、公的な「戦争像」が娯楽的な要素を持つポピュラー文化と化してきたことである[8]。革命後のイランでは、文化芸術は大きな制約を受け、特にポピュラー文化作品には厳しい目が長年向けられてきた。ところが、近年ではポピュラー音楽業界のように、作品がプロパガンダ的な内容を含んでいれば体制のお墨付きが得られる状況が生み出されてきた。それはアーティストたちに表現形式上の可能性を開きつつ、国家への自己犠牲と結びついた「殉教」のレトリックを市民の余暇に組み込むことを可能にした。第5章においては、異なる文化的消費形態を接合しながら、戦争の表象にエンターテイメント性が組み込まれてきたことを論じる。

イランの戦争未経験世代は、社会上昇のための合理的な選択として、あるいは戦争や「殉教」にさまざまな理由で魅了されることで、国家や「軍」を支えるようになってきた。彼ら以前にイラン社会で「軍」を支持してきたのは、戦争の悲惨さや実情を知りつつも、国家を積極的に支えてきた戦争経験世代である。戦争経験世代の持つトラウマが非常時においては情動として発露することも、国家や「軍」を支える原動力となってきた。第6章で扱うのは、そうした戦争経験世代の情動である。しかし、「軍」は決して一枚岩ではなく、また「軍」を支える戦争経験者にあっても日常の思索を通じて変容してきた。その変容は時に「軍」を支える人々の間で共有された既存の言説を再利用することでももたらされてきた。それは「終わりのない戦後」を生きる人々の別の未来を創り出す可能性も示唆している。終章では「軍」という政治勢力に起きつつある変化について、本書での議論を振り返りつつ論じたい。

第1章　中東の大国イランにおける「軍」

イラン中部アバルクーフにある樹齢約4000年と推定される自然遺産のイトスギ（2018年3月　筆者撮影）

はじめに

イスラーム共和制がイランで採用されて四十年以上が経過した。ここではイランをめぐる背景的知識を読者と共有することを企図し、イスラーム共和制以前の国家との連続性も踏まえつつ、イスラーム共和制下の政治がどのように展開してきたのかを整理する。イラン政治や国際関係の歩みについての基本事項を確認したうえで、本書が何を明らかにしようとしているのか、またそれをどのようなアプローチで行おうとしているのかを述べたい。そのうえで、イランをめぐる論点を整理するとともに、それに対するアプローチの方法と調査の概要を記す。

一、中東の大国イランの誕生

(1) ペルシアからイランへ

イランは、北がカスピ海、南がペルシア湾に面し、東側がトルクメニスタン、アフガニスタン、パキスタンと国境を接し、西側がアゼルバイジャン、アルメニア、トルコ、そしてイラクと国境を接している。日本の約四倍の広大な領土には、カスピ海沿岸部の四季のある穏やかな気候に恵まれた地域もあるが、国土の大部分は沙漠乾燥地帯であり、二つあるいは三つの季節からなる地域が中心である。

中東・北アフリカではエジプト、トルコに次ぐ人口を擁しており、二〇一六年の国勢調査に基づけば人口は約八〇〇〇万人に上る。公用語はペルシア語だが、アラビア語やトルコ諸語のアーゼリー語、アルメニア語などを母語とする異なる言語集団が暮らしている。統計上は、国民の九八%がムスリム（イスラーム教徒）であるが、一般的にスンナ派が約九割、シーア派が約一割といわれる世界的なムスリム内の宗派比とは逆転している。つまりイランでは一割がアラブ、クルド人を中心としたスンナ派、残り九割がイスラームの分派、シーア派に属している。イランは多民族・多言語国家でありつつ、シーア派・イスラームが最大の共通項となっている国家である。

現在の日本でイランという国名から思い浮かぶ一般的なイメージは、残念ながらそれほど肯定的なものではないだろう。中東の産油国としての石油はまだしも、テロ支援国家に認定されてきたことや核開発問題などによって、危険や怖いという否定的なイメージも少なくない。もっとも、国際社会に対してイランという国号を用いるようになったのは一九三五年のことであり一〇〇年にも満たない。一八八〇年に日本から派遣された特使、吉田正春使節団に手渡されたガージャール朝の皇帝ナーセロッディーン・シャーの勅語を記した国書も「ペルシア皇帝」の名で清書されたように、対外的には他称として定着していたペルシアが国名として用いられた。

ペルシアといえばイメージは一転し、正倉院宝物の白瑠璃碗や一九八〇年代のシルクロードブームと結びつきながら悠久の歴史やエキゾチックさを醸し出す。〈1〉ペルシアという言葉が指す地域においては、人類史のなかでも高度な文明が築かれてきた。約八五〇〇年前には、ブタやヤギなどの家畜化がこの地域で進められ、豊かな農耕牧畜文化も培われた。紀元前六世紀半ばから紀元前四世紀にはハカーマニシュ（アケメネス）朝、また紀元前三世紀半ばから三世紀にはアルシャク朝パルティア、そして三世紀前半から七世紀半ばにはサーサーン朝といったペルシア帝国が建てられた。古代ギリシアの歴史家ヘロドトスが『歴史』においてハカーマニシュ朝のペルシア帝国とギリシアとの戦争を主題としたように、ペルシアは世界史の中心舞台の一つだった。

帝国としてのペルシアはまた、異なる民族や宗教を包摂しながら広大な領土を抱えていた。ハカーマニシュ朝の都ペルセポリスの遺跡に残るレリーフには、諸民族が朝貢に訪れる姿が描かれている。また王族を中心に信仰されていたゾロアスター教やそれに類する宗教だけでなく、帝国内ではユダヤ教も認められた。

ユダヤ人の王国であったユダ王国（現在のイスラエルの一部）が、エジプトと結んで新バビロニアに対抗しようとすると、新バビロニア国王ネブカドネザル二世は紀元前六世紀初めにこれを滅ぼした。王はユダ王国を滅ぼすだけでなく、ユダヤ人たちをバビロニア（現在のイラク南部）へと強制的に移住させた（バビロン捕囚）。これを解放したのが、ハカーマニシュ朝のクールシュ大王（キュロス二世）であり、新バビロニアを紀元前六世紀後半に倒すと、ユダヤ人を含む強制移住者たちを解放した。彼はユダヤ人を帝国領となったイスラエルの地に帰還させただけでなく、破壊されたエルサレムの神殿を再建したことから、ユダヤ人に救世主として扱われた[2]。

七世紀にイスラームがアラビア半島西岸部で形成され、数十年の間に急激にアラブ・イスラーム軍が勢力を拡大すると、ビザンツとサーサーン朝という二つの帝国と対峙した。六四二年にはアラブ・イスラーム軍はニハーヴァンド（イラン西部）でサーサーン朝の大軍を打ち破り、東西に支配域を拡大させていくと同時に、サーサーン朝は滅亡へと歩みを進めた。アラブ・イスラーム軍による征服から数世紀を経て、他の征服地と同様に今日のイランに当たる地域も徐々にイスラーム化し、九世紀頃にはペルシア語の表記方法としてもアラビア文字が用いられるようになった。

アラブ・イスラーム軍による征服だけでなく、トルコ系諸民族やモンゴルなどさまざまな民族がペルシアに侵入し支配を確立しては消えていった。先に触れたガージャール朝も十八世紀末にイラン高原を統一したが、トルコ系の部族連合による王朝であった。同朝の時代に、今日のイランに続くおおよその国境が定まったが、それはロシアとイギリスという両帝国への従属の歴史でもあった。同朝が対外戦争に敗北した結果、今日のグルジア、北アゼルバイジャンとアルメニアをロシアに、アフガニスタンの一部をイギリスに割譲することになった。また直接の保護領化や植民地化は避けられたが、英・露に軍事・経済的な意味での従属を強いられた。

伝統的諸制度の枠内で行われた改革が失敗し、西洋を手本とした近代化が進められたものの、王朝の専制的政治は変わらなかった。十九世紀末のタバコ・ボイコット運動や二十世紀初頭の立憲革命など臣民による専制への異議申し立てを通じて、徐々に近代の国民意識と同時に民族意識にも目覚めていった。地方勢力が各地で権力を掌握するなか、中央政府内での軍制改革を通じて事実上の国軍を創設したレザー・ハーンは、徐々に地方権力を排除し、中央集権化を進めていった。そして一九二五年に首相であったレザー・ハーンはガージャール朝の廃止を議会で決定するとともに、レザー・シャーとして新たな皇帝に即位し、パフラヴィー朝を樹立した。

レザー・シャーは、近代西洋の世俗主義的国家を手本としながら、マジョリティであるペルシア民族の国家ではなく、さまざまな民族集団からなる国民国家を建設することをめざした。歴史的にも自称として用いられてきた「アーリア人の土地」を意味するイランを対外的な国号にも用いたのは〈3〉、西欧との連続性をもった近代国民国家であることを国際的にも示すためであった。

(2) 国民国家イランの形成と革命

パフラヴィー朝の誕生から一世紀近くを経たイランの歴史を振り返ると、国際情勢が国内政治に大きな影響を与えてきたことがわかる〈4〉。レザー・シャーは独裁を行いながらも、諸外国との不平等条約を撤廃していった。ガージャール朝期から内政に影響を与えてきた英国と、ロシア帝国から革命を経て誕生したソ連に対抗する意図もあり、レザー・シャーは社会・経済的発展モデルとして、アーリア人至上主義を掲げるナチス・ドイツと、「同じ民族」として緊密な関係を築いた。ナチス・ドイツと同盟を結んでいた日本にとっても、イランは枢軸側の友好国となった。そのため一九三九年にレザー・シャーの息子モハンマド・レザーがエジプト王女と結婚すると、日本政府は成婚祝賀のために「そよ風号」と呼ばれる三菱双発輸送機を向かわせた。

第二次世界大戦が開戦すると、イランは中立を宣言したものの、ドイツとの経済的関係が強化されていたなか、英ソによるドイツ人追放の要請を断るなど、同盟国側から見ればナチス寄りの政策をとった。石油と補給路の確保という利害関係が一致した英ソは協力して一九四一年にイランに進駐するとともに、レザー・シャーを退位させ、かわって息子のモハンマド・レザーを新たなシャー（国王）として即位させた。

英ソによる進駐と国王の強制的退位は、占領下の厳しい国民生活を生んだ一方で、イラン政治の重要な転換点にもなった。民族主義勢力や共産主義勢力、さらには伝統的な宗教勢力などが議会を通じて政治に参加した。やがてそれは不平等な石油利権の契約を見直し、イランの完全な独立をめざす運動へと発展していった。イランの石油生産の利益は、一九〇九年に設置された英国資本のアングロ・ペルシア石油会社（一九三五年にアングロ・イラン石油会社に改称）との間で段階的に是正されたとはいえ、不平等に徴収されていた。イランの石油の富をイランのものとする石油国有化運動が、ナショナリストのモハンマド・モサッデグらを中心に進められ、一九五一年には石油国有化法が議会で可決され、石油産業の国有化を進めた。

イランの石油国有化運動に対して、英国のみならず、アメリカを代表とする西側諸国が反発するとともに、イランを国際的な石油取引市場から排除した。出光興産が当時のイランから極秘裏に石油を買いつけ輸送したことが知られているが、その甲斐もなくモサッデグ政権は財政難に直面した。加えて、呉越同舟のモサッデグ政権内では、徐々に諸勢力間の亀裂が問題となった。モサッデグらは状況打開のために、当時の東西冷戦構造にあった国際情勢を背景に、西側諸国への対抗策として東側諸国の代表であったソ連に接近した。しかし西側諸国はイランが東側の共産主義陣営へと転換することを懸念し、アメリカは一九五三年に英国に後押しされるかたちでＣＩＡの秘密工作を実施し、国王派によるクーデターを起こしてモサッデグらを逮捕させた。

クーデターによる国王の専制の復活は、イランの国内政治に影響を及ぼす国外アクターが英国からアメリカに取って代わる重要な転換点でもあった。国内では、一九六〇年代初頭までのシーア派宗教界がアーヤトッラー・ボルージェルディーの下に結集していたため、国王はボルージェルディー師と協力関係を築いた。しかし一九六一年にボルージェルディー師が亡くなると、国王は宗教勢力を牽制しながら白色革命と呼ばれる改革を実施した。

一九六三年から行われた白色革命は、封建的な地主の土地所有による農民支配を改める農地改革や女性への参政権付与に見られるように、国王の「開明さ」を示すものであった。しかし国王に忠誠を誓わせた軍と官僚機構による政治は、開明的な君主政治とは程遠い専制であった。加えて政府は、イスラエルの秘密情報機関モサドの訓練を受けた秘密警察ＳＡＶＡＫを創設し、反体制活動を厳しく取り締まった。膨大な石油収入によって各種産業が発達し、経済的な成長をみせたものの、王族や政府高官をはじめとする支配層によって大企業の所有が独占された。農地改革による農村の余剰人口は経済発展を続ける都市へと流入し、都市にはスラムが形成されていった。

人権上の問題や貧富の差を抱えながらも、国際的な批判を浴びずに軍事大国化と経済成長を遂げた背景には、イランがサウジアラビアとならんで中東におけるアメリカの憲兵としての役割を担っていたことがある。イスラエルを除けば、当時のイランは中東における西側諸国を代表する国家といっても過言ではなかった。またパレスチナとイスラエルの紛争に対して、アラブ諸国がパレスチナを支援するなか、一九六〇年にはイスラエル国家の承認を国王が公に宣言した[5]。

イラン国内の社会経済的なひずみと、国王による独裁を支えるアメリカの存在は、やがて反王政運動をイラン社会に広げていくことになった。国王はイスラーム時代のイランを否定し、パフラヴィー朝と古代ペルシア帝国との連続性を強調したため、「カウンターカルチャー」としてイスラーム文化が政治的にも重要な意味をもつようになった。やがて一九七〇年代後半になると、さまざまな思想背景をもった反王政運動家たちが、国外に亡命していた高齢のイスラーム法学者ルーホッラー・ホメイニー師のもとに結集していった。

反王政運動は一九七八年から王政を打ち倒す革命運動へと急展開した。同年十二月に反革命工作を実行するためにイランに派遣されたＣＩＡの専門家が工作をあきらめると、一九七九年一月十六日に国王は、一握りのイランの土を握りしめ国外に亡命した。同年二月一日、一九六四年末以来トルコ、イラクそしてフランスに亡命していたホメイニー師が帰国し、二月十一日に国王の名代となった政権が辞任し、イラン革命が達成された。

イランにとって革命の達成は、今日から振り返れば、明るい未来を約束するものではなかった。革命諸勢力による権力闘争や八年にもおよぶ戦争が間もなく始まったからだ。そして後述するように、その爪痕が今日のイランの支配構造にとって重要な側面を形成した。

二、イラン・イスラーム共和体制の軌跡

(1) ホメイニー師のイスラーム共和制

イラン革命が達成された後の国家体制をめぐる構想は、革命運動に参加した勢力により異なっていた。一九七九年三月三十・三十一日に王制かイスラーム共和制かを問う国民投票で後者が九八・二%の支持をあつめて採択されたものの、この時点ではイスラーム共和制とはどのような政治体制なのかは定かではなかった。独自の政治体制としてのイスラーム共和制は、革命諸勢力による権力闘争のなかで、ホメイニー師を支持する集団によって、段階的に構築されていった。

イスラーム共和制は、イスラーム的理念に適った政治社会運営を実施する政治体制である。それは理論的にはホメイニー師の「ヴェラーヤテ・ファギーフ(法学者の監督)」論に基づいている。一方で具体的な「中身」となる制度は、憲法制定過程を経て形成された。革命の暫定政権は、第五共和制のフランス憲法を想起させる大統領に強い権限が付与された憲法草案を作成し、ホメイニー師自身もこれに好意的な姿勢を示した。この憲法草案が採用されていれば、イスラーム共和制は、今日とは異なる道を歩んだであろう。しかしホメイニー師の支持勢力であるイスラーム共和党はこれに反発し、結局、ホメイニー師はイスラーム共和党幹部らを責任者として修正草案を作成させた[6]。修正草案をもとにした憲法が一九七九年十一月の国民投票を経て施行され、ホメイニー師は政治・司法・軍事制度に

関わる強力な権限を持つ最高指導者に就任した。

議会もイスラーム共和党が大勢を占めたが、一九八〇年一月に実施された大統領選挙では、イスラーム共和党の推薦候補者が敗れた。アボルハサン・バニーサドルが勝利し、反イスラーム共和党の立場にあった政治勢力は、彼のもとに結集した。大統領選挙でのイスラーム共和党の敗因の一つは、当初擁立したジャラーレッディーン・ファールスィーの立候補が認められなかったことであった。施行された新憲法一一五条は、大統領要件の一つとして「イラン起源のイラン人」であることと定めていた。しかし彼はアフガン系の出自であったことから、この規定に抵触し、立候補を却下された。宗教ではなく、民族的出自がイスラーム共和制によって問題視されたことは、イスラーム共和制があくまでイランという国民国家を前提としていることを示唆していた。革命によって倒されたパフラヴィー朝が作り上げようとした国民国家イランの存在が、革命後の社会では自明のものと考えられるようになったのである。

王政期の国民国家イランを継承する一方で、革命後のイランは対外的には王政期と対照的な政策を取った。ホメイニー師はアメリカを「大悪魔」と呼び、明確な敵対姿勢を見せた。ホメイニー師を熱烈に支持する学生たちを中心とした集団が、一九七九年十一月四日にテヘランのアメリカ大使館を襲撃し、大使館員を人質にする事件を起こすと、両国関係は表面上決定的に悪化した。新体制は、アメリカに敵対的な姿勢を示すだけでなく、「西でもなく東でもなく」という東西冷戦構造に与しない独自の対外政策も打ち出そうとした。同時に、被抑圧者の救済を大儀とした「革命の輸出」を政府・非政府レベルで進めた。君主制をしく周辺の湾岸諸国は大いに警戒姿勢を示し、イランに対抗する協力体制を作り上げた。またユダヤ人やユダヤ教については認知しつつも、前体制と異なり、イスラエルの存在そのものを無視し、パレスチナのみを承認する立場を示した。

しかしイランの国際社会からの「名誉ある孤立」は、結局のところ一九八〇年九月に始まったイラン・イラク戦争の勃発によって形骸化した。水面下では東西両陣営だけでなく、時に「大悪魔」であるアメリカや、存在しないはずのイスラエルとも戦略的な協力関係を結んだからだ。

八年におよぶ戦争の間に、段階的に反体制派が排除され、イスラーム共和党による一党政治が成立した。しかし一党政治が成立すると直ちに、共和党内で二大党派の対立が展開し、最終的にホメイニー師が解党宣言を出すに至った。このことは、制御不能な大きな溝が体制内に生まれたことを意味していた。ホメイニー師の後継者問題[7]もあいまって、事態は深刻であった。次期最高指導者体制への安定的な移行をはかるため、イスラーム法の解釈によって新たな制度設計が示されつつ、憲法改正が進められた。イスラーム統治府の決定、つまりイラン国家の決定を、市井のイスラーム法学者の見解よりも最優位のイスラーム法学上の見解とする解釈がホメイニー師によって示された。

憲法改正を通じて、最高指導者に求められるイスラーム法学者としての資格要件が緩和された。加えて、ホメイニー師の担っていた調整役としての役割を制度的に委譲するため、相対的に大統領権限が強化され、立法と行政機関の間での調整機関も設置された。新たな体制への移行準備が整うなか、一九八九年六月三日にホメイニー師が死去した。翌日に当時大統領であったアリー・ハーメネイー師が最高指導者に就任し、新たな指導体制が発足した。

(2) 民主化の波とハーメネイー指導体制

ハーメネイー師の最高指導者就任後、国会議長であったアリー・アクバル・ハーシェミー・ラフサンジャーニー師が圧倒的な得票率で大統領選挙に勝利した。ラフサンジャーニー内閣は戦後復興を掲げて、経済の立て直しと国際社会への復帰を進めていった。他方、イランとの停戦後、クウェートとの軋轢を増していったイラクは、一九九〇年八月に同国に侵攻し、即時併合した。アメリカのジョージ・H・W・ブッシュ大統領(父)は国連で武力行使を容認する決議をソ連の同意も取りつけて成立させ、一九九一年一月から多国籍軍による軍事作戦を展開した。湾岸戦争は、一九八九年のベルリンの壁の崩壊に続き、東西の冷戦がもはや終局に向かいつつあることを象徴していた事件でもあった。

アメリカを中心とした新秩序の構築によって中東諸国に民主化の波が訪れ、政治制度における議会の役割の相対的強化や市民社会の形成がもたらされた。イランにおいても、経済復興とともに、政治的な自由を希求する声が学生などの若年層や女性を中心に高まっていった。一九九七年に行われた大統領選挙で、「改革派」[8]のモハンマド・ハータミーが勝利すると、民主化への期待は一気に高まった。アメリカの政治学者サミュエル・ハンチントンが冷戦後の新秩序において起きるであろう「(諸)文明の衝突」を懸念したのに対して、ハータミー大統領は「文明の対話」を呼びかけ、国際協調路線を内外にアピールした。

しかしハータミー政権は、国内においては十分な政治改革を進めることができなかった。最高指導者やその周辺の体制指導部と、それを支持する「保守派」が障壁となったためである。一九九九年七月には政治的自由を希求する学生たちによって暴動が発生した。政権側が鎮圧に苦慮するなか、体制指導部は体制支持派を動員しながら暴力的に鎮圧した。

「文明の対話」という国際協調路線も、核（疑惑）問題と二〇〇一年のアメリカ・同時多発テロ事件（九・一一事件）後のアメリカのジョージ・W・ブッシュ政権による「対テロ戦争」の開始によって大きく退潮した。二〇〇二年一月のブッシュ大統領による教書演説において、大量破壊兵器を保持し、テロ組織を支援する国家群を指す「悪の枢軸」の一つにイランも挙げられた。二〇〇二年八月に国外の反体制派組織によってイラン核関連施設の建設が暴露され、核開発疑惑が表面化した。イランと同じく、イラクも「悪の枢軸」に数えられた。湾岸戦争における国連との停戦決議に反し、秘密裏に大量破壊兵器を保持していることが理由であった。アメリカは武装解除を求めたが、イラク側は兵器保有を否定した。決定的な証拠がないなか、二〇〇三年三月にアメリカが先制攻撃となる空爆を行い、同国を中心とした有志連合による軍事行動によってイラクを占領した。

イランでは民主化の限界と経済問題の累積によって「改革派」への期待が低下するなか、「新保守派」が徐々に政治勢力として台頭していった。彼らは体制の支持という点で「保守派」と同じでありながらも、テクノクラートを中心とする勢力であった。〈9〉二〇〇五年に実施された大統領選挙では、ラフサンジャーニー元大統領の当選が予想されたが、大方の予想を覆し、元テヘラン市長のマフムード・アフマディーネジャード候補が勝利した。アフマディーネジャード大統領は、富裕層に対する批判と貧困層への給付金や社会保障制度の拡充を図る「大衆誘導型」の政策をとったものの、十分な成果をあげることができなかっただけでなく、国際的に孤立していくイランの象徴的存在ともなった。彼はイランの核開発を推進する発言を繰り返したうえに、ナチス政権下でのホロコーストを否定する発言を行ったことで国際的に大きな批判を浴びた。

二〇〇九年六月に第一〇期大統領選挙が実施された。二期目をかけたアフマディーネジャード大統領に加え、「改革派」の支援をうけたミール・ホセイン・ムーサヴィー元首相が出馬した。慣例としては現職が優位とされたものの、ムーサヴィー候補に対する期待も非常に高かった。ところが開票速報が伝えられるなかで、一〇〇%を超える投票率がある地区が明らかになったり、他の候補者の獲得票が不可解に増減するなか、現職のアフマディーネジャード大統領の再選が伝えられた。ムーサヴィー候補の支持者たちは選挙の不正を訴えて大規模なデモを実施した。ムーサヴィー候補は選挙結果の取り消しを求め、「保守派」のモフセン・レザーイー候補も選挙に対する異議を申し出た。

両候補による不服を、選挙を管理する監督者評議会は異議申し立てとして受理し、選挙について調査を始めた。しかしムーサヴィー候補の支持者による抗議デモは収束するどころか、勢いを増していった。「改革派」の元国会議長のメフディー・キャッルービー候補も、ムーサヴィー候補の動きに同調することを表明した。三十年の時を経て革命の再来とも思わせる大規模な抗議デモが連日続いた。一連の抗議行動は、ムーサヴィー候補のテーマカラーにちなみ「緑の運動」と呼ばれた。

監督者評議会は異議申し立てに対して、小さな不正については認めつつも、選挙結果への重大な影響はなかったとする結果を公表した。レザーイー候補はこれを受け入れたが、ムーサヴィー候補は拒否した。治安維持部隊に加え、一九九九年の学生暴動のときと同じく、デモ鎮圧のためにバスィージと呼ばれる志願兵が動員された。次第に抗議デモへの取り締まりが暴力的になり、それに対抗するように抗議運動側も暴徒化することで負の連鎖が始まった。選挙の不正や反政府を訴えた抗議運動は、反体制運動へと姿を変えた。体制側はムーサヴィー候補とキャッルービー候補をひそかに逮捕・幽閉しつつ、支持者との連絡を途絶えさせた。そして死刑執行も含め抗議運動を反体制運動として徹底的に弾圧した。

(3) 二つの新秩序のなかのイランの生存戦略

「緑の運動」の騒乱が続くなか、イランの核開発の可能性に対して国際社会の懸念は増大していった。二〇一〇年二月に国内で行ったスピーチでアフマディーネジャード大統領は、イランはもはや「原子力国家」であるというような挑発的な発言を続けた。二〇〇九年一月に就任したアメリカのバラク・オバマ大統領は国際的な核兵器の禁止を目指し、イランの核問題について厳しい対処を図り解決を進めようとした。オバマ政権は国際連合を通じて科していたイランへの経済制裁を石油取引の禁止にまで踏み込んで強化し、イランに圧力をかけた。石油取引の禁止によって、イランは最大の国家収入を大幅に失い、経済的に大きな苦境に立たされた。

強力な経済制裁によるイラン国民へのダメージは、二〇一〇年初頭からの補助金政策の見直しによってさらに増大した。燃料や電力、水や主食であるナーン（パン）などについては、イラン・イラク戦争時から政府の補助金があることで、乱費ともいえる利用がなされてきた。アフマディーネジャード政権はこれらの補助金を漸次廃止し、かわりに大部分の国民に現金を支給するという法案を立て、政府予算に占める補助金の縮小を試みた。同政権による補助金見直しは、高いインフレ率と通貨価値の下落によって実質的な現金支給額の価値が下がることで、生活に必要な国民の負担を増大させた。

強力な経済制裁と国民経済の崩壊のなかで二〇一三年に行われた大統領選挙では、体制指導部に近いながらも「改革派」にも柔軟な姿勢を示したハサン・ロウハーニーが当選した。ロウハーニー政権の最優先課題は、イラン経済を立て直すために一刻も早く核問題の解決を図ることであった。核問題を国際協調によって解決を図る方針へと舵を切ったアメリカのオバマ政権もこれにすぐに応じ、二〇一三年十一月にはイランとＰ５＋１（国連安保理常任理事国とドイツ）との間で核問題解決に向けた第一段階の合意を取りつけた。イスラエルやアメリカ国内でのイラン脅威論は払拭されなかったが、地道な交渉がその後も続けられた。二〇一五年七月にはイラン側の核施設の大幅な縮小も含んだＪＣＰＯＡ（包括的共同作業計画）の合意に達した。国連とアメリカ、ＥＵによってイランに科された、実質的な石油禁輸を含んだ強力な経済制裁は、ようやく段階的に解除された。

イラン側だけでなく欧米諸国が核交渉に応じた背景には、中東地域の不安定化も作用していた。二〇一〇年末のチュニジアからいわゆる「アラブの春」が始まり、アラブ諸国の強権的な国家に対する市民による抗議運動が行われた。しかし市民による抗議は必ずしも民主化をもたらしたわけではなく、一部では内戦状態を引き起こした。オバマ政権は公約に掲げていたイラクからの完全撤退を二〇一一年十二月に成し遂げた。そのため中東地域への空爆を除く軍事介入には消極的な姿勢を示していた。「アラブの春」後、内戦状態に陥ったシリアには周辺地域からも武装勢力が集まり、武力によるイスラーム国家の建設を図る「イスラム国（ISIS）」が形成された。「イスラム国」は二〇一三年十二月末からは米軍が撤退したイラクへと流入し、支配範囲を急速に拡大させていった。[10] これを掃討するためイラクが軍事協力を仰いだのは、かつてイラクと八年もの戦争を続けたイランであった。イラク戦争後の新体制として、イラクにはシーア派とクルドによる政権が樹立された。旧体制の下でイランへの亡命経験があった政権幹部や民兵組織幹部を通じて、イランとイラクの関係は深く結びつけられたのである。

核合意と「イスラム国」への対応を通じて、イランは欧米諸国との関係改善を進めた。しかし二〇一七年にオバマ政権からの転換を図るドナルド・トランプがアメリカの大統領に就任すると、状況は大きく変わった。イラン側はトランプ政権を刺激しないかのように慎重に対処しようとした。その姿勢は、二〇一七年六月に実施されロウハーニーが再選を果たしたイラン大統領選挙において前職のアフマディーネジャード元大統領の立候補を却下したことや、七月に核兵器禁止条約を採択したことに顕著に示されていた。しかしトランプ政権は、イランの意を解さなかった。二〇一八年五月にトランプ政権は、ＪＣＰＯＡを根本的に不完全として合意から離脱するとともに、新たな計画案を示し、強力な経済制裁の発動によってイランに合意を迫った。新たな計画案は、核問題と中東問題の解決が混在したものであった。完全な核開発放棄に加え、イランが紛争介入を行ってきたシリアからの完全撤兵や、イエメンにおける反体制勢力の支援停止も計画に含まれていた。加えてイラン側への石油取引を含む経済制裁だけでなく、イランとの取引を行った国にも経済制裁を発動するという厳しいものであった。

トランプ政権による対イラン政策は、イスラエルによって支持されただけでなく、バハレーンやイエメンの問題をめぐりイランと対立していたサウジアラビアなどのアラブ湾岸諸国からも支持を受けた。イランはトランプ政権の核合意離脱と経済制裁の履行に対し反発した。また核合意遵守の見返りとしてEUなどに合法的な金融取引を可能とする法的枠組みの設置を求めた。同時に、周辺国の紛争に介入するイランの軍事部隊による行動を強化させていった。そしてアメリカによる石油の全面的禁輸が実施された二〇一九年五月以降には、核合意の段階的停止を通告しつつ、ウラン濃縮を再開し、EUに圧力をかけ続けた。

イランとアメリカとの緊張関係は、ペルシア湾を航行する船舶の安全にもおよんだ。二〇一九年五月十二日、サウジアラビア、UAE、ノルウェーの石油タンカーを標的とした攻撃がオマーン湾で発生すると、アメリカはイランによる工作として非難し、ペルシア湾での両国間の緊張が高まった。さらに日本の首相として革命後初めてイランを訪問した安倍晋三首相がハーメネイー最高指導者との会談を果たした六月十三日には、日本の会社が所有するタンカーを含めた二隻が攻撃を受けた。ペルシア湾に派兵されたアメリカ軍へのイラン側の挑発やイラクでのイランとの関係が深いシーア派民兵組織による行動も含め、アメリカとイランの間の緊張関係は日に日に高まった。

二〇二〇年一月三日に、アメリカは、周辺国におけるイランの軍事作戦において象徴的な役割を担っていたガーセム・ソレイマーニー司令官をイラクのバグダード空港で暗殺した。イランは報復措置として一月八日にイラク西部の米軍基地へのミサイル攻撃を実施した。アメリカとイランとの緊張関係が最高潮に達するなか、同日テヘラン空港を飛び立ったウクライナ航空機が、イラン側の地対空ミサイルによって撃墜された。かつてイラン・イラク戦争中には、ペルシア湾の安全のために派遣されていたアメリカ軍がイランの民間旅客機を撃墜するという悲劇がおきた。三十年の時を経て張りつめたアメリカとイランとの緊張関係は、再び民間旅客機の撃墜という悲劇を繰り返した。

三、支配体制を存続させてきたメカニズム

(1) 政治制度からみたイランの支配構造

革命後のイラン史を振り返ると、イスラーム共和体制は数度、体制崩壊にも繋がりかねない危機的な状況に直面してきた。だが、少なくとも本書を校正している二〇二一年六月時点でも、イスラーム共和体制は存続し、その存在は大国アメリカを含め各国の国家戦略に作用してきた。それゆえどのような仕組みによって同体制が存続してきたのかということは、イランという国を理解するだけでなく、

国際政治を考えるうえでも問われるべき事柄と言える。
イスラーム共和体制についてまず理解しておくべきことは、民選と非民選の政治機関における不均衡な権力構造である。図2は、一九八九年の憲法改正によってできたイランの政治・司法・安全保障制度を示している。

政治制度と司法制度に着目すると、行政、司法、立法のそれぞれの権力は一見独立してみえる。行政権を大統領が、立法権を国会に相当するイスラーム評議会（以下議会と略記）[11]が、司法権を司法府の最高責任者である司法権長がそれぞれ担っている。[12]大統領も議会議員も国民の直接投票によって選出される。[13]三権分立のある民主体制にも見えるが、問題は選挙をめぐる資格審査の存在である。いずれの選挙の場合にも被選挙権を持つ立候補者は、それぞれの選挙を実施する内務省に設置された選挙管理委員会で立候補資格審査を経る必要がある。基本的な資格が定められているものの、いくつかの規定には解釈の余地があり、それを状況に応じて使い分けながら審査が行われる。資格審査を含め選挙の責任を担うのが、中央選挙管理委員に任命された監督者評議会のメンバーである。

監督者評議会は、法が国家の理念に適合しているかを判断するために、イスラーム法と世俗法の一二名の専門家から構成された政治機関である。資格審査の他にも監督者評議会は、議会によって成立した法案がイスラーム法・世俗法上の問題がないかを審議する役割を担う。法案は必要に応じて差し戻され、監督者評議会と議会の間に調停が必要な場合には公益判別評議会で調整されることになるが、それに出席することができるのは監督者評議会の中でもイスラーム法学者の六名の評議員のみである。

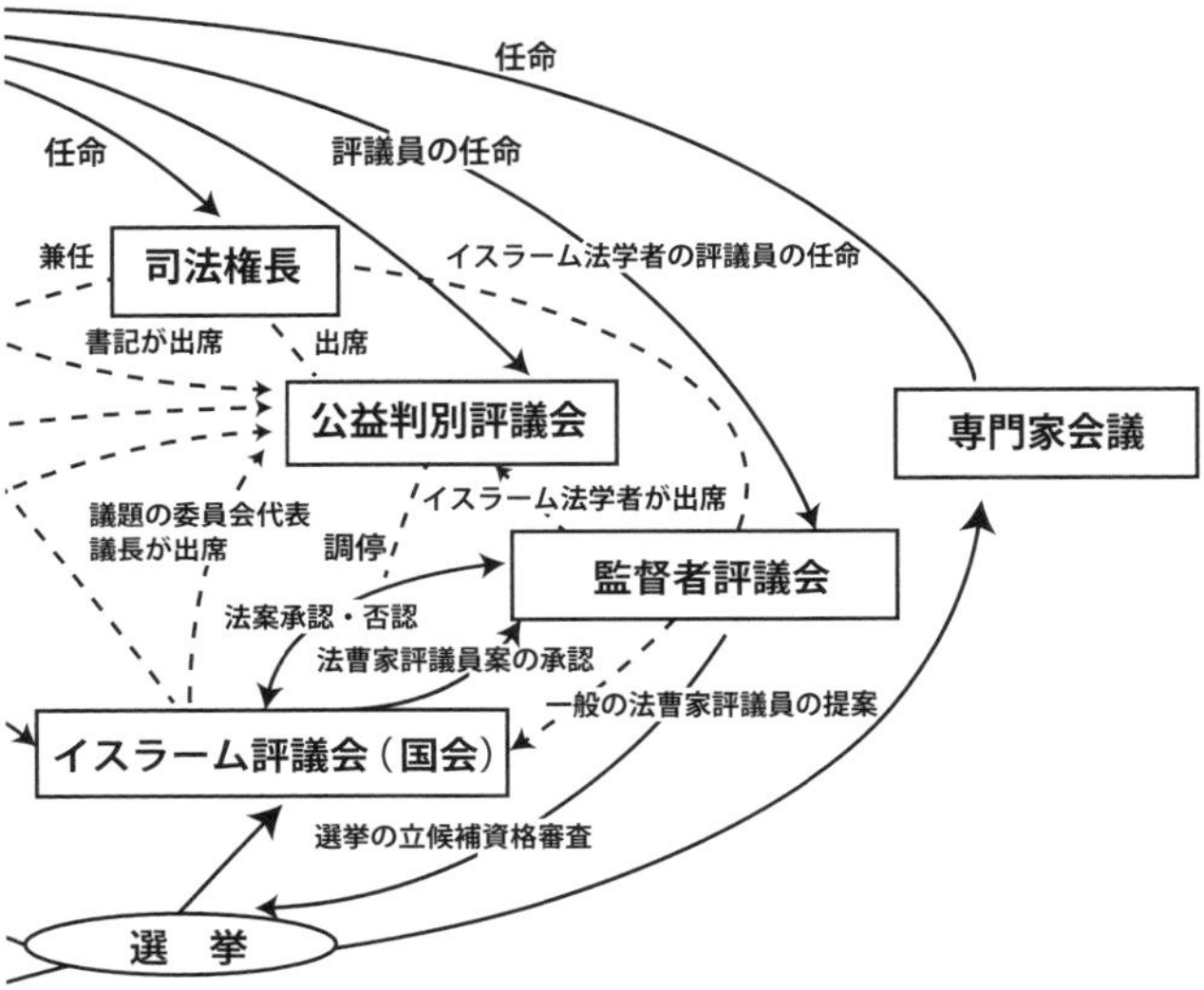

おける政治・司法・安全保障制度の概略図

議会は監督者評議会議員を承認する権利をもっているが、それは司法権長から提案された非イスラーム法学者の六名の評議員に限られる。一方、イスラーム法学者である評議員六名の任命権は、最高指導者に直接付与されている。加えて、議会に非イスラーム法学者の六名の評議員を提案する司法権長も、最高指導者によってイスラーム法学者のなかから任命される。さらに公益判別評議会の評議員も最高指導者によって任命される。つまり最高指導者は、間接的に立法権へ影響を及ぼすことができるということだ。

最高指導者は名目上の軍の最高司令官の立場にあるだけでなく、制度的に安全保障上の問題を決議する国家安全

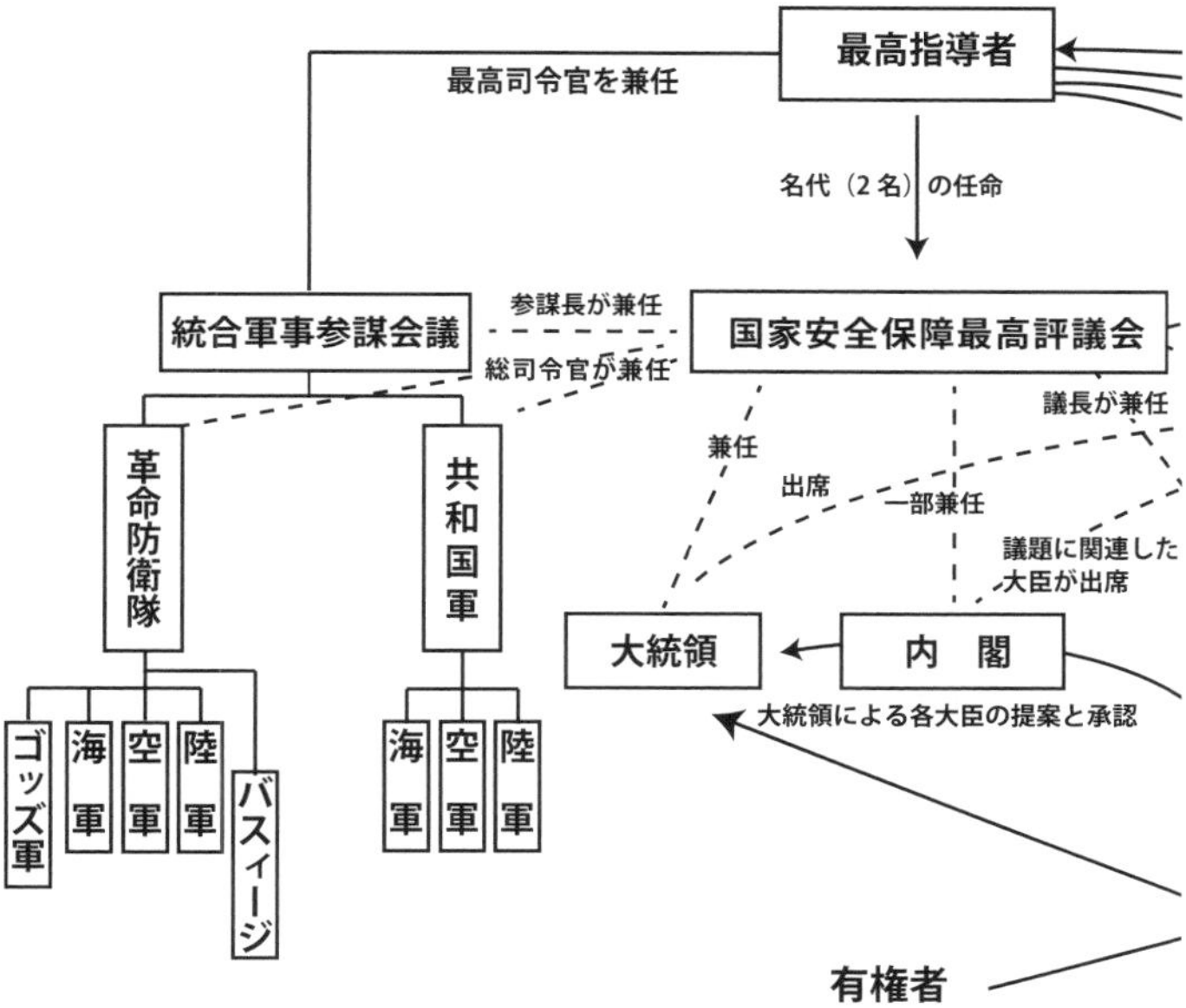

図2　1989年の憲法改正以降のイランに

保障最高評議会の決議にも影響を及ぼす。国家安全保障最高評議会は、①大統領、②議会議長、内閣から③外務大臣、④内務大臣、⑤情報省大臣、⑥管理計画機構長および、⑦⑧共和国軍とイスラーム革命防衛隊（以下・革命防衛隊と略記）の総司令官二名と⑨各軍を統括する統合軍事参謀会議の参謀長、⑩司法権長、⑪⑫最高指導者の代理人二名を常任評議員とし、これに⑬議題に関連する部門の大臣が加えられる。軍の最高司令官は最高指導者であり、司法権長も最高指導者によって任命される。つまり常任評議員一二名のうち⑦～⑫の六名は、最高指導者に直接関連づけられている。

立法権と司法権、軍事・安全保障上

の問題への決定に制度的に優位な立場にある最高指導者は、八年ごとの選挙によって選ばれる八八名のイスラーム法学者からなる専門家会議が任命・罷免する権利をもっている[14]。しかしこの選挙についても、資格審査が監督者評議会によって行われるため[15]、一度最高指導者に任命されれば基本的に罷免されることはない仕組みになっている。

(2) 支配構造における「軍」をめぐって

制度的に最高指導者に権力が集中する仕組みとなっている一方で、独裁的な政治体制が敷かれてきたわけではない。実際の一九九〇年代以降の政治展開を見れば、民選機関である議会や大統領が一定の政治的な重要性を示してきた。同時に、一九九九年の学生暴動や二〇〇九年の「緑の運動」など体制への大規模な抗議運動も発生してきた。つまり民選機関が果たす政治的重要性の高まりが、国家の支配体制の不安定性を同時に生み出してきたということだ。しかしそれでも国家の支配が大きな構造的な転換を経ず続いてきた。

民選機関での政治勢力の角逐が続く一方で、それほど大きな構造的な変動が起こらず国家体制が存続してきたことはイランの支配構造をめぐる研究上の重要な問題として捉えられてきた。二〇〇〇年代初頭から徐々に提起されてきた権威主義体制論は、支配構造をめぐる一つの有力な捉え方の一つであった[16]。

権威主義体制というのは、政治学者のファン・リンスによって提起された、全体主義体制と民主主義体制の中間に位置づけられる政治体制のことを指す。全体主義体制とは異なり、限定的ながらも政治的多元主義がある一方で、民主主義体制のように完全な政治的多元主義があるわけではなく、指導者あるいは小規模な指導集団の権力が予想しうる範囲内で行使される。また全体主義体制のような精緻な指導的イデオロギーがあるわけではなく、体制への政治的動員も非常時を除けば、通常は広範でも集約的でもないような状態にある。[17]

イランに置き換えてみれば、ホメイニー指導体制下では支配制度の確立とイラン・イラク戦争という非常事態により、いわばホメイニー主義とも呼べるイデオロギーに基づいた全体主義体制が形成されていた。ハーメネイー指導体制になると、「法学者の監督」論をめぐる複数の解釈の可能性とともに、大統領選挙や議会において多数の政治勢力が主張を繰り広げる状況が生まれた。しかし最高指導者周辺に権力が集中した政治制度を通じて、議会や大統領の動きは体制指導部の思惑の範囲内で展開した。また支配体制を問い直す抗議運動に対しては、体制支持派を動員することで鎮圧してきたが、平常時には体制支持派も市民生活の範囲内で政治に参加している。

全体主義体制としてのホメイニー指導体制から権威主義体制としてのハーメネイー指導体制への展開に目を向ければ、二つの特色ある存在に気づく。一つは、政治制度のなかに組み込まれてきたイスラーム法学者の存在であり、もう一つは政治動員される体制支持派を含んだ「軍」の存在である。

最高指導者をはじめ司法権長、専門家会議議員、半数の監督者評議会議員には、常にイスラーム的知識が不可欠とされてきた。イスラーム法学者とはイスラーム法学に関する専門教育を受けた者であって、イスラームの知識をもって信徒の生活を指導する宗教家である。そのためイラン以外では、イスラーム法学者であるからといって必ずしも政治的な役割を担うことはない。イランの場合は、革命後の国家がイスラーム的理念に適う政治社会運営を掲げている以上、宗教的言説空間と政治的言説空間が部分的に重なりをもつことになった。筆者はこの点に着目して、これまでに革命後のイランのシーア派宗教界と国家との関係についても検討してきた。[18] イラン国家が安定的な支配を築くためには、イスラーム法学者集団を支配構造に組み込んでいくか、あるいは国家に批判的なイスラーム法学者を牽制する支配の仕組みが必要になるのである。

他方、政治展開において特色あるもう一つの存在である「軍」については、近年徐々に支配構造をめぐる研究の中で検討が重ねられつつある。革命後のイランでは、共和国軍と革命防衛隊という、陸海空軍を有し、兵器を装備した二つの軍隊が存在している。次章で詳しく触れるが、革命防衛隊は、革命前から存在する国軍のクーデターを防ぎ、政治的党派対立から生じる反対勢力の武装蜂起を鎮圧する目的で設立された。[19] ただしイランの政治展開において顕在化してきた「軍」とは、単に革命防衛隊という一般的な国家機構内の軍事組織を指しているわけではない。

学生暴動や「緑の運動」の鎮圧のために体制支持派も政治動員されたと述べたが、ここでいう体制支持派は革命防衛隊の傘下にあるバスィージ（志願兵のこと。原義は「動員」の意）と呼ばれる、民兵組織の一員のことを指している。バスィージの成員はイラン・イラク戦争時には革命防衛隊の指揮下で戦い抜いたが、戦後には解散が検討されたこともある。他方でバスィージは一時的に、本格的な武装組織化もなされてきた。概してバスィージは、戦後には市民生活を監視する役割を担い、大学や官公庁や経済・産業界、さらにはスポーツ界などさまざまな社会セクター内に設置された体制派の動員組織としての性格が強い[20]。

アフマディーネジャード大統領のような革命防衛隊出身の政治家が出現してきた背景には、ハーメネイー指導体制下で革命防衛隊の経済セクターが「財閥グループ」化し、経済的な基盤が確立されたことも関係している[21]。また革命防衛隊は戦没者やその遺族、戦争捕虜経験者や傷痍兵を支援する諸財団とも深い関係にある。

革命防衛隊という軍事組織が、国家機構内での役割を超えて政治や経済にも作用してきたのは、組織の構造によるものというよりは、組織が個人の性質や関係性に基づくネットワークや同胞性を有しているためである[22]。そして、こうした組織の性格が革命防衛隊内部と革命防衛隊外部を関係づけ、政治集団としての「軍」を形成してきたのである。つまり「軍」とは、革命防衛隊やバスィージを中心に、「財閥グループ」やイラン・イラク戦争の戦後処理とも関連した諸「財団」との間に形成されたネットワーク型の政治経済集団を指す。と同時に、それらは権威主義体制論で言われるように、平時には複数の政治的党派を形成してきた。

「軍」による政治参加は、ハーメネイー指導体制に起こった比較的新しい現象である。ホメイニー師は「軍が政治に参加することを妨げる法に従い、政党や政治集団、政治戦線から遠ざかるよう強く言いたい。軍とは、国軍、警察権力、防衛隊、バスィージであり、いかなる党派や集団にも参加するべきではなく、政治的競争を避けるべきである」と述べたように軍の政治参加を牽制していた。[23] それにもかかわらず、二〇〇〇年代以降に革命防衛隊出身者が党派を形成しながら政治参加してきたのは、ハータミー政権の誕生により「改革派」が伸長することで、国家体制を揺るがしかねない状況が生まれ、国家体制を存続させる新たな仕組みが必要になったためであった。[24] その仕組みこそ、革命防衛隊出身の政治家を通じて、非民選機関である国家機構と民選機関である政府とを結びつけることであった。

しかし政治家になる人材や経済基盤を含めた組織力があるとしても、政治勢力としての「軍」は何によって支えられているのか、言い換えれば、どのような政治的な価値をもっている人々に支えられているのか実のところはっきりとしない。国家を支持するイスラーム法学者たちが社会上昇を図るうえで優位なように、失業率が高いイラン社会においてバスィージに加わることが「財団」や「財閥企業」、さらには公務員への就労などに優位に働くという点から支持層を説明することも可能だろう。とはいえ、「軍」が「財団」や「財閥企業」だけでできているわけではなく、経済的な合理性を政治的な合理性に還元できるわけでもない。また「軍」を支えるといっても関わり方は一律ではなく、コミットメントに応じて「中心」と「周縁」も想定する必要もある。と同時に、「中心」と「周縁」がそれぞれにどう関係することで政治勢力としての「軍」が支えられてきたのか、またどのような仕組みで「周縁」の裾野を拡大してきたのかを検討していく必要もある。

二〇〇九年の「緑の運動」以降も、イスラーム体制への大規模な抗議運動が数度発生するなか、

「軍」は体制支持勢力として、抗議運動に対する対抗勢力としても可視化されてきた。それゆえ国家体制が存続してきた仕組みを理解するうえでも、これまで漠然としたネットワーク集団として捉えられてきた「軍」の実態についてアプローチしていく必要がある。

四、本書の調査概要

繰り返しになるが、「軍」は、革命防衛隊やバスィージを中心に、「財閥グループ」やイラン・イラク戦争の戦後処理とも関連した諸「財団」との間に形成されたネットワーク型の政治経済集団である。安全保障上の問題に関わるために、革命防衛隊でのインタビューや参与観察などが極めて難しい。一方で、ネットワーク型の政治集団であることを考慮すれば、「軍」がどのような人々によって支持されてきたのかを検討するには、必ずしも調査対象は革命防衛隊でなくともよいともいえる。むしろ重要なのは「軍」のなかに含まれる、所属組織や世代といった点で異なる人々がどのように繋がっていくのかを明らかにすることである。そのためには「軍」という存在をいかにして記述していくのかが課題となる。

本書を執筆するうえで、すぐ後に詳しく紹介するモハンマド氏ならびに職場や個人的な活動によって彼の周辺に集まる人々に対して、また彼の日常的な職務と関連した施設で調査を行ってきた。彼は調査当時、次章で詳述する「殉教者・奉仕者財団（以下、殉教者財団と略記）」に勤めていた。この財団も、革命防衛隊と間接的に関係づけられた組織であり、また経済ネットワークの要でもある。[25]

調査は二〇一五年十二月から二〇一九年十二月の間にイランの首都テヘラン市を中心に六回にわたり断続的に行った。一回の調査は長くとも三週間程度である。現地に住み込んで長期調査を行う一般的な文化／社会人類学的調査とは異なり、対面での時間の共有は限られた。しかしInstagram（以下インスタグラムと表記）での写真や動画、メッセージの交換や音声通話などを行うTelegram（以下テレグラムと表記）やWhatsApp（ワッツ・アップ）といったインターネット上のコミュニケーション・ツールを通じて継続的にやりとりを行ってきた。

筆者が出会った当時、モハンマド氏は五十代後半であり、テヘラン市北部のイラン・イラク戦争の戦没者に関係する博物館の館長を務めていた。真っ白で薄くなった頭髪の弱々しさとは対照的に、眉間に縦に深く刻まれたしわと、はっきりとした目は鋭く、力強かった。一八〇センチほどある恰幅のよい体躯であり、人を呼ぶときの大きな声は、野生動物の咆哮を思わせた。白い無精ひげがのびている姿からだけでなく、彼の経歴からは、イランの現体制の革命の原理を支持する、典型的な「軍」支持者に分類できるような人物であることが容易に想像できた。彼は一九七八年に革命運動が本格化すると、兄弟とともにしばしば反王政デモに参加する革命少年であった。革命運動の転機ともなった「黒い金曜日」と呼ばれる、一九七八年九月八日にテヘランで起こった守備隊による銃撃事件の前に行われた一連のデモにも、彼は参加していた。

彼の家は、預言者ムハンマドの子孫であるセイイェドの家系であり、テヘラン郊外の北東部では有名であった。しかし少年時代から敬虔なムスリムだった訳ではなかったという。父親は毎日モスクで礼拝を行っていたが、彼は革命運動が急速に高まる一九七八年まで礼拝したことがなかったという。神が指示したからだと冗談めかして述べていたが、そのころ彼の住む近隣のモスクの礼拝指導者であったイスラーム法学者に誘われて礼拝を行うようになった。彼の師であるその礼拝指導者は、革命後イスラーム共和党の政治家となり、一九八一年に同党本部爆破事件で亡くなった。

革命運動に参加していた高校時代には、工学を学び、卒業資格を取得した。彼は革命直後からバスィージの一員として前線で戦った。従軍している間も、戦後は大学で工学系の学問を学ぼうと考えていたらしい。しかし友人が戦争中に数多く戦死していくことで、信仰とは何かを考えるようになったのだという。彼はその後一九八七年から一九九五年まで八年間、テヘラン大学神学部でイスラームの聖典クルアーンやハディースについて学ぶとともに、住居近くの神学校でも入門課程を学んだ。そして大学卒業後に殉教者財団に勤務し、テヘラン市内の各所の事務所で働いていた。

本人は、工学を学んでいたら、「アメリカ人」になっていたかもしれないと笑いながら話していた。彼が語る「アメリカ」とは、ホメイニー師のいう「大悪魔」であり世界の抑圧者の象徴である。「アメリカ人」というのは、自分も抑圧者になっていたかもしれないということだ。当然冗談であり、笑い声をあげていたが、彼の眼はいつもながら笑っていなかった。

モハンマド氏と筆者が交流を始めたきっかけは、二〇一四年の調査で偶然氏が勤めていた博物館を訪れた筆者の妻の勧めであった。当時、筆者はテヘラン市中心部のある流派の空手道の実践について調査をしていた。革命のイデオロギーと空手道とを結びつけた革命イラン版の「和魂洋才」を体現した独特の流派であり、バスィージに関連した組織であった。

彼は筆者にとって調査の対象であると同時に、友人でもありまた調査の上で知識を補い、調査の道標を示してくれる師でもある。しかし筆者は、彼の言うことや考え方に必ずしも賛同しているわけではない。彼が言うことに友人として異を唱えることもあった。それゆえ彼は筆者にとって、調査において情報を提供するインフォーマントではなく、対話者であるインターロキューターであった。彼だけでなく、彼の周囲と筆者との関係も同じであった。

既に述べたように、調査において中心的に関わる人物がモハンマド氏である。しかし本書において彼のライフヒストリーを描くのでもなければ、個人の内面を理解しようというのでもない。「軍」という存在を、モハンマド氏ならびに職場や個人的な活動によって彼の周辺に集まる人々、また彼の日常的な職務と関連した施設で起こった出来事から記述していくことを試みる。彼らが共有する政治的な価値とは何なのか。彼の職務はイラン社会における「軍」の存在とどのように関係しているのか。革命防衛隊の紛争介入も含めイラン国家の動向をどのように捉えているのか。「軍」という勢力の多元性はどのような認識のなかで分節化していくのか。「軍」はどのような「余暇」を彼らに与えてきたのか。彼らの存在や生き方は変わりゆくものなのだろうか。これらの問いを段階的に明らかにしていくことで、「軍」という存在について記述していく。

本書においては、プライバシー保護のため、調査を実施した時期については示したものの、具体的な日時については示さなかった。筆者が日時を示すことで、当事者が不利益を被ることについて配慮したためだ。複数の人物を一人の人物として組み合わせることで個人の特定を防ぐという方法もある。しかし名前については仮名としたものの、筆者はそれぞれの個人の人格を尊重し、敢えて一人の個人として記述することにした。それは筆者に貴重な時間を割いてくれた対話者たちへのせめてもの敬意の表し方だと考えている。

またいくつかの事件やインタビューについては、筆者が個人的に知っている以外にも、イランのメディアでも記事になっているものもあった。しかしそれについても具体的な記事については敢えて言及しなかった。筆者に調査の許可を個人的に与えてくれた調査時の協力者に不利益が起こらないようにするためである。

第2章　勝者のいない戦争

テヘラン市内の霊廟に併設された戦没者の墓標を訪れる遺族
(2016年1月　筆者撮影)

はじめに

　モハンマド氏が勤めていた博物館には、エスマーイール氏という六十代の男性がいた。いつも筆者が訪れると、ロシア式に濃く抽出し湯で薄めた紅茶（チャーイ）を運んできてくれる。彼には発話障害があり、手話のできない筆者は彼とは身振り手振りでコミュニケーションをとった。モハンマド氏は彼のことを名前で呼んでいたが、人に紹介するときなどはしばしば「司令官」と呼んでいた。

　博物館のモハンマド氏の執務室の壁には、戦争時代の写真が飾られていた。彼自身の写真もあったが、多くは戦争で亡くなった彼の兄弟や別の戦没者の写真であった。その中の一枚に、黒々としたひげを蓄えてモトクロスバイクにまたがり、鋭い眼光でカメラを睨む、いかにも血気盛んな「戦士」の写真もあった。「これは司令官のエスマーイールだよ」と指差しながら、モハンマド氏が教えてくれたとき、筆者はにわかに信じがたかった。

　筆者が普段目にする彼は、背中を曲げて白髪混じりのあたまを下に向けて歩き、いつも穏やかな佇まいだったからだ。背格好もモハンマド氏や同僚に比して一六〇センチそこそこと小さく、ごつごつとした手を除けば、「戦士」らしさはどこにも感じられなかった。写真の中のかつての彼は、革命防衛隊の一員として前線に赴いていた。バスィージ（志願兵）として前線に赴いたモハンマド氏にとって、革命防衛隊隊員であるエスマーイール氏は「司令官」であった。

エスマーイール氏は激戦を生き抜いたが、戦争後期にイラク領内での戦闘で頭部と頸部に重傷を負い、一命はとりとめたものの、後遺症として麻痺が残るとともに声を失った。彼の発話障害はこの戦争での怪我によるものだった。

彼だけでなく、モハンマド氏や彼の同世代の友人たちは共通してイラン・イラク戦争を経験してきた。同時に、革命防衛隊やバスィージ、そして「財団」は八年におよんだこの戦争を通じて発展していった。ここではイラン・イラク戦争の展開とともに前線で志願して戦った革命防衛隊やバスィージについて述べつつ、モハンマド氏の周辺にあつまる人々の戦争経験や戦争認識について記したい。

一、揺れ動く攻勢——防衛戦から勝者のいない戦いへ

一九八〇年九月二十二日、イラク空軍がイラン領内にある空港および空軍施設一〇ヶ所を突如として爆撃した。[1] 翌日には陸軍が国境を越え、イランの中・南部の国境に面したデズフール、アフヴァーズ、ホッラムシャフルの三都市に向けて侵攻を開始した（ここで言及する場所の位置関係については、図1を参照）。戦争の始まりであった。

一四〇〇キロを超える国境を接したイラン・イラク両国間では、シャトル・アラブ川周辺の南部の国境線をめぐる長い争いがあった。革命前の一九七五年に両国間で結ばれたアルジェ協定では、船舶が航行可能な水深地点を国境線とした。しかしこの協定は、イラク側にとっては、イラク北部のクル

ド・ゲリラ支援をイランに停止させることを引き替えとした妥協の産物であった。

一九七九年七月にイラクの国家権力を掌握したサッダーム・フセインは、隣国イランの革命達成によって沸き立つ国内のシーア派による政治運動に対して断固とした姿勢を見せた。国内での支配基盤の問題があるなかで、イラン側から支援を受けたイスラーム運動の高揚が、サッダーム・フセイン政権にとって脅威であったためだ。西洋諸国との対立や「革命の輸出」によってイランが国際的な孤立を深めると同時に、革命前に国王に忠誠を誓った国軍への粛正が行われ、一九八〇年のイランの戦力は前年の六割程度まで低下していた。イラク側に勝算が大きく見込まれるなか、イラクはアルジェ協定のなかでイランから返還が約束されていたものの、不履行のままであった山岳地域の奪還を一九八〇年九月十日に実行した。そして十七日には国民議会においてアルジェ協定の破棄を一方的に宣言し、二十二日からイランへ侵攻を開始した〔2〕。

当初はイラク側に勝算があったイランへの侵攻だが、イランの「底力」と、国際社会の複雑な関与によって目論見は外れた。両国はイスラエルを含む周辺の中東諸国や冷戦のデタント（緊張緩和）期にあった米ソ両国の支援を巧みに受けながら、長い終わりの見えない戦いへと突き進むことになった〔3〕。もっとも、目論見が外れたのはイラク側だけではなかった。イラン側もまた開戦当初の予測に反して戦争が長期化するにつれ、終わりの見えない戦争から引き下がれなくなっていった。

八年に上る戦争は四つの時期に分けられる。（一）イラク軍による侵攻によって戦争が開始し、イラン側がイラク側によって圧倒された一九八〇年九月〜八一年六月半ば、（二）イラン側による反撃攻勢の成功からイラク側への逆侵攻作戦を進めた一九八一年六月後半～八四年四月、(三) 両軍の戦闘継続とペルシア湾航行の安全面での問題が表面化した一九八四年五月～八七年前半、(四) 米国の介入から停戦合意へと至る一九八七年後半～八八年八月である。

(1) 開戦と苦境続きの防衛戦 (一九八〇年九月～八一年六月半ば)

開戦当初の戦況はイラン革命後の混乱状況もあり、イラク側が優勢であった。イラク軍の奇襲による侵攻は素早く、一九八〇年九月二十七日にはイラク側によってアフヴァーズ市の制圧が発表された。十月六日にはBBCなど海外メディアが、イラク軍によってホッラムシャフル市が陥落したと報道した。またホッラムシャフル市に隣接するアバダーン市についても、イラク側は十月十四日には三方向から包囲するとともに、両市の間を繋ぐ橋を制圧し、両市内のイラン側の守備部隊を孤立させた。デズフール市方面でもイラク軍が優勢で、イラン側が侵攻を防ぐための作戦を実施するも失敗に終わった。そして十月二十四日にはホッラムシャフル市の市庁舎にイラク国旗を掲揚し、イラク側によって同市の制圧が発表された。さらにイラク軍は、十一月二日にもアバダーン市攻略に向けて総攻撃を開始した。

イラク側は陸軍が国境線を越えた九月二十三日から既に停戦条件をほのめかしていた。それはイラン優位に定められた国境問題・領土問題に関する条約の破棄を迫るものであった。国連安保理事会は九月二十八日に五つの条項からなる「国連安保理決議四七九」を採択し、両国に対し即時停戦と国連事務総長を介した和解を提案した。イラク側はこれに応じる姿勢を見せたが、戦況不利なイラン側はこれを一蹴し、イラク側の国境線までの撤退を停戦交渉の最低条件とした。

航空作戦については両軍とも大きな被害を与えられずにいたが、陸上では圧倒的にイラク軍が優位であった。イラン側の司令を任されていたのは、当時最高国防評議会の議長役を兼任していたバニーサドル大統領であった。ホメイニー主義を警戒する大統領は、ホメイニー最高指導者の「私兵」ともいうべき革命防衛隊を遠ざけつつ、革命後弱体化した共和国軍中心に攻勢をかけた。連戦の敗北は、国家の政治勢力の権力闘争と結びついて、同政権への批判材料となった。また革命防衛隊司令官からは、正規軍贔屓のバニーサドル大統領の司令方針に不満も高まった。

バニーサドル大統領も状況打開を狙い、一大反攻作戦を一九八一年初頭に行った。不意を突いた作戦により一時的にイラク軍が体勢を崩したものの、成果は華々しくなかった。革命防衛隊と国軍が連携した作戦が功を奏するときもあったが、ホメイニー師の影響力の強い革命防衛隊を牽制したい大統領にとっては好ましいことではなかった。他方、急進的にホメイニー最高指導者を支持するイスラーム共和党勢力は、物資の配給などを通じて各家庭内の事情の把握と市民生活のコントロールを進めていった。

イスラーム共和党とバニーサドル大統領のもとに結集した諸勢力との対立は、激しさを増し、六月には同大統領の弾劾へと至った。モジャーへディーネ・ハルグ[4]を中心とした大統領支持者は、革命防衛隊及びイスラーム共和党支持者と路上で衝突を繰り返した。体制指導部は大統領支持者に対して司法権を利用しながら裁判と投獄を行い、徹底的な弾圧を加えた。国内の騒乱によってバニーサドル大統領は、総司令官の権限をはく奪され、最終的に議会で大統領の弾劾案が可決され、六月二十二日に罷免された。すぐさまバニーサドル大統領は空軍機でフランスへと亡命した。イスラーム共和党と対立するモジャーヘディーネ・ハルグは急進化し、イスラーム共和党本部への爆破を行うなど抗議方法を暴力化させていった。

(2) 反撃から逆侵攻へ(一九八一年六月後半~八四年四月)

バニーサドル大統領の解任、亡命と時を同じくして、イラン側の反攻作戦が本格的に戦果をあげ始めた。一九八一年六月末、革命防衛隊によってアフヴァーズ市で「サーメン・アル=アエンメ(第八代イマーム)[5]作戦」が行われ、同市を包囲していたイラク軍の包囲網が解かれた。その三ヶ月後の九月末には、アバダーンへの攻撃も仕掛け、同じく包囲網を突破した。八二年五月末には、「ベイト・アル=モガッダス(エルサレム)作戦」を実施し、二十ヶ月ぶりにホッラムシャフル市をイラク側から解放した。さらに六月二十九日には、北部戦線で国境沿いのイラン領ガスレ・シーリーンも約二十一ヶ月ぶりに解放した。

勢いに乗ったイランは、イラクに対し強気の停戦条件を突き付けた。賠償金の支払いだけでなく、サッダーム・フセイン大統領の国際法廷への出廷などを要求した。イラクはイスラーム諸国会議の呼びかけに応じて停戦を進める意向を示すとともに、戦列立て直しを図るために一九八二年六月二十日には十日以内にイラク軍を国境線まで撤退させることを発表した。そして実際には撤退していなかったにもかかわらず、六月二十九日には、イラク軍司令部はイラン領からの撤退完了を発表した。

こうしたイラクの停戦への意向は国連にも伝えられ、イラクの要請に応じて国連安保理事会が七月十二日に開催された。安保理事会は、両軍の即時停戦、国境外からの両国軍の撤退、国連監視団の派遣などを含んだ議決を全会一致で採択した。しかし勢いにのったイランは国連の提案した即時停戦ではなく、より優位な停戦条件を求めた。当時のイランの体制指導部の間では、賠償金を勝ちとることは暗黙の条件となっていたためである。七月十三日、イランのムーサヴィー首相は前日の国連安保理決議の受諾を拒否するとともに、イラン側は「ラメザーン（ラマダーン）作戦」を同日より開始、イラクに逆侵攻を開始した。

当時の体制指導部の間では、誰も停戦を口にできなかった。当時大統領であったハーメネイー師や、国会議長であったラフサンジャーニー師が回顧しているように、イラン側の勝利目標はあくまでもサッダーム・フセイン政権の打倒にあった。〈6〉指導部の誰もが「勝つ」までやめることはできず、また国家内の党派対立と国軍と革命防衛隊のライバル関係を背景とした複雑な意思決定のプロセスにより、誰も引き下がることができなかった。〈7〉

イラン領での失地奪回は徐々に進んでいったものの、勢いに乗って始められた逆侵攻は一進一退であった。一九八三年二月から八四年二月までに複数の戦線でイラン側の侵攻作戦として「ヴァルファジュル（夜明け）作戦」が六度にわたって実施された。一九八四年二月十五日に南部戦線で行われた

「ヴァルファジュル第五号作戦」では、日本から輸出されたコマツのブルドーザーやヤマハの小型ボートエンジンなど日本製の民間品を活用したイラン側の作戦が功を奏した。しかし続いて二十一日から行われた「ヴァルファジュル第六号作戦」では、ティグリス川を渡河しようとするイランの勢いに対して、イラクは航空攻撃に加え、ジュネーヴ条約を無視して化学兵器を使用した。イラク軍による化学兵器の使用は、翌月三月初頭にもティグリス川の中洲にあるマジュヌーン島の攻防で再度行われた。ヨーロッパ連合、次いで国連安保理はイラクに対して化学兵器使用を非難する声明を発表したが、以後もイラクは化学兵器を用い続けた。(8)

(3) 戦闘継続とペルシア湾の安全問題(一九八四年五月〜八七年前半)

一九八四年以降、両国間の交戦は近隣諸国、特にペルシア湾の船舶航行の安全性を脅かすことになった。既に八四年以前からもイラクの海上・航空攻撃が、イランの船舶や石油の積み出し拠点であったハールク島に対して行われていた。ところが、八四年五月になるとイラン側もペルシア湾奥の海域で、クウェートやサウジアラビアといったイラクを支援する第三国の船舶に対して攻撃を仕掛けるようになった。主要な収入源である原油輸出の経路を確保するためにイラン船舶の航行上の安全を確保し、イラクの支援国の船舶に対する報復攻撃によってイラクによるイランのタンカー攻撃を自制させようという戦略であった。しかしイラン側の目論見は必ずしも達成されなかった。むしろ後述するように戦火をペルシア湾へと広げるとともに、米国の介入を生む結果となった。

両国間の直接の交戦に話を戻すと、化学兵器まで持ち出したイラクに対し、[9]一九八四年内には中南部戦線で小規模な戦闘が行われたが、概してイラン側は大きな作戦を取らなかった。十月半ばにイラン側が中部戦線の北側イーラム州の山岳地帯で解放作戦を実施するが詳細は定かではない。対するイラクは戦争開始期を除けば戦略的守勢をとっていたものの、八五年一月半ばからイラン側に中部戦線で侵攻作戦を行った。これはイラン側に二月半ばまでに撃退されたものの、翌月になるとイラク空軍はイラン領内の原子力発電所ならびに製鉄プラントを攻撃した。イラン側は報復として事前通告のもとでバスラの民間人居住地区に長距離砲攻撃を行った。

イラン側による反攻作戦はそれだけではなかった。三月十一日から、中部戦線で「バドル作戦」を実施し、その翌日にも南部戦線で「ヴァルファジュル第七号作戦」、中部戦線で「ファーテメ・ザフラー作戦」を連続して実施した。湿地帯を抜けイラクのバスラへと迫る「ヴァルファジュル第七号作戦」は一時的にはティグリス川を渡り、バスラ－バグダード街道にまで達していた。三月十六日にイラン軍はバグダードまで約三〇キロの地点に到達したものの、国防大臣指導下のイラク軍が猛反撃を行い、イラン側を撃退した。

五月以降も、イランは「ザファル（勝利）作戦」や「ゴッズ（エルサレム）作戦」、「ヤー・エマーム・ジャアファル・サーデグ作戦」など新たな軍事作戦を連続して実施した。また八月から十月にかけても「アーシューラー作戦」を実施した。これらの作戦は各戦線で実施された。しかし物資確保の問題もあり、作戦は概して中・小規模であり、実質的に戦局は膠着状態にあった。

一九八六年になっても戦局は一進一退を続けていた。イランは二月上旬から「ヴァルファジュル第八号作戦」を南部戦線で実施し、イラクの石油輸出基地であったファーウを制圧し、続いて北部戦線で二月末から「ヴァルファジュル第九号作戦」を実施した。しかし五月末中部戦線でイラン領のメヘラーン市を制圧された。イラン側は七月三十日以降、各戦線で「キャルバラー（カルバラー）作戦」、十月以降「ファトフ（勝利）作戦」を実施していくも、全体的には戦局は膠着していた。それでも戦争は続いた。

一九八六年十一月にはイランにとって敵国であったアメリカで、大統領を巻き込んだ大きなスキャンダルが巻き起こった。イランへの武器輸出を禁止していたアメリカがひそかにイランにイスラエルを通じて武器を売却し、その売却費用をニカラグアの反政府の反共産主義勢力支援に投じていたというものであった。いわゆるイラン・コントラ事件である。イラン国内のホメイニー師の後継者をめぐる問題と関連してリークされたこの事件は、やがてイランの体制指導部内の分裂を生み出すことになった。

しかしイランはそれでも戦争をやめることはなかった。イラン側の最後の大規模な侵攻作戦が一九八七年初頭に行われた。国軍・革命防衛隊一五万人を投入して南部戦線で一月八日から実施された「キャルバラー第五号作戦」である。一月十九日にはイラン側がシャトル・アラブ川の中洲の島を占拠することに成功した。そこが同戦争の南部戦線でイラン側がイラク側に到達した最深点となった。

以後もイランは「キャルバラー作戦」や「ナスル（勝利）作戦」という連続作戦を実施し、あくまでサッダーム・フセイン政権崩壊にこだわり続けたものの、国内は疲弊していた。しかも前年までのイラク軍によるイラン西部都市への地対地ミサイル攻撃に加え、八七年初頭から爆撃機によるイラン各都市への無差別攻撃が行われた。イラン各都市では、一月上旬から二月上旬にかけて三〇〇〇人以上が空爆の被害を受けた。

(4) 勝者のいない戦争へ(一九八七年後半〜八八年八月)

一九八七年後半になると、米国を中心に諸外国によるペルシア湾への介入が本格化していった。同年前半にイランが地対艦ミサイルを配備し、ホルムズ海峡の自由航行をめぐる緊張がさらなる高まりをみせた。そのなか、五月にペルシア湾に派遣されていた米国フリーゲート艦がイラク軍によって誤爆される事件があった。三七名が死亡したこの事件の結果、米国は「準臨戦態勢」をとるとともに中東艦隊増強の方針をとり、空母および巡洋艦を新たに派遣した。

米国の本格介入は米国旗を掲げたタンカー護衛を名目として、周辺の関係諸国と連携して行われた。米国は前年にクウェートから要請があった同国のタンカー護衛に応じる形をとることで、正当性を確保しながらペルシア湾への介入を強化したのである。米国の介入に加え、西側諸国による掃海艇の派遣も進んでいった。米国護衛中のタンカーが機雷に触れたことで、オマーン湾にまで機雷が広がっていることが発見されたからだ。そこで米国の要請に応じて西側諸国が掃海艇を派遣し、機雷除去のために掃海作業にあたることになった。またソ連も同地域での威信を保持しながら掃海艇を派遣した。

事態が進展するなか、関係各国の間で戦争の早期終結という共通認識が醸成され、一九八七年七月二十日に国連安保理事会で常任理事国の原案に日独などが修正を加えた決議案が採択された。安保理決議五九八である。これまでにも七回も決議が行われていたが、同決議は受諾拒否国に対する武器禁輸などの強制措置発動も示唆する点でこれまでの決議と異なる強制力をもっていた。イラク側は決議受諾の意向をすぐさま示した。一方、イラン側は侵略者としてイラクを認定しないことに不満を示し、明確な受諾拒否は示さなかったもののホメイニー師を含めた体制指導部により同決議への非難が行われた。

高まるペルシア湾の緊張の中で、米国は九月以降イラン軍の機雷敷設艇や高速艇に対して武力行使を行った。イラン側も報復攻撃としてタンカーへの地対艦ミサイル攻撃を行ったが、決定的な武力衝突を避けた。米国艦艇は海上油田施設への艦砲攻撃による破壊などの報復攻撃に対して再報復を加えた。米イラン両国間の緊張は、やがて悲劇的な事件へと発展した。一九八八年七月二日に起こったイラン航空六五五便撃墜事件では、米国が民間航空機を誤って撃墜し、乗員乗客二九〇名全員が死亡した。

この間イラクとイランの間の直接の戦闘は、一九八七年六月初旬にイラン側が行った「ナスル第四号作戦」以降、継続的に北部戦線で行ってきた作戦を除いては膠着状態にあった。八八年初頭になると、北部・中部戦線で「ゾファル第五号作戦」、北部戦線のイラクのスライマニーヤ方面で「ベイト・アル＝モガッダス第二号作戦」などが実施された。しかし例年のような革命記念日にあわせた冬季の大攻勢はイラン側で行われなかった。その背景には、革命防衛隊の装備の充実や兵士たちへの訓練による戦闘力向上に伴い、戦闘員の損失の大きい人海戦術への体制指導部からの疑念があった。

ペルシア湾での米国との緊張関係の高まり、イラク軍との膠着状態という泥沼に追いうちをかけるように、イラクは一九八八年二月から改良型スカッド・ミサイルでイラン首都テヘランを含む各都市への地対地ミサイル攻撃を開始した。さらに四月になると、イラク側の石油積出し港であったファーウの奪回にイラク軍が本格的に乗り出した。イラン側を撃退し、勢いに乗ったイラク側は続いてバスラ東方でも攻勢に出て、ついには六月二十五日にシャトル・アラブ川の中洲にあるマジュヌーン島を奪回するに至った。イラン側は戦線建て直しを図るため、漸次イラク領から撤退を進め、他方イラク側は領内各地を奪還した。

七月十七日、イランでは三権の長が集まった最高合同会議が開催され、イラクではサッダーム・フセイン大統領がイランに和平に応じるように呼びかけを行った。翌日イラン政府は国営放送を通じて安保理決議五九八の受諾の意向を示した。そして二十日、最高指導者ホメイニー師によって、安保理決議五九八の受諾が正式に発表された。イラク側は和平交渉に応じる書簡を国連事務総長に送る一方で、二十二日にはイラン側に対して全戦線で化学兵器をも使用した激しい攻撃を仕掛けた。さらにはケルマーンシャー州の一部を占拠し、イラン側に大きなプレッシャーをかけた。イラン側は七月二十六から三十日にかけ、イラク側に加わりイランに侵攻してきたモジャーヘディーネ・ハルグを殲滅せんと「メルサード作戦」を実施し、イラク空軍の支援が途切れたところで大打撃を与えた。結局、これがイラン・イラク戦争で実施された最後の作戦となった。

一九八八年七月二十五日にイランのヴェラーヤティー外相が、七月二十六日にイラクのアズィーズ外相が、それぞれデ・クエヤル国連事務総長と協議のためにニューヨークに到着した。八月八日、デ・クエヤル国連事務総長は、安保理事会の公式協議として停戦をグリニッジ標準時間八月二十日午前三時とすること、停戦実施日から国連の監視団派遣を両国が受諾したこと、さらに同事務総長のもとで両国の直接交渉を停戦後の二十五日からジュネーヴで開催することを明らかにした。指定された停戦時間に、両陣地では互いに白旗を揚げた。多少のいざこざはあったものの、戦場は静かであった。

八年にもおよんだこの戦争で、軍事専門家の分析では勝者はイラクであった〈10〉。国連安保理決議五九八による停戦決議を受け入れた際に、最高指導者であったホメイニーが述べた言葉も、同停戦決議受諾がイランの勝利を意味していなかったことを端的に示していた。

親愛なる者たちよ、この決定は毒を飲むよりも苦しいと、承知であろう。全能なる神の望み給うままであり、その教えとイラン・イスラーム共和国を守るために、最善を尽くします。神よ、われらはあなたの教えのために立ち上がり、あなたの教えのために戦います。そしてあなたの教えを守るため停戦を受け入れます〈11〉。

有名な「毒を飲むよりも苦しい」という表現に続くように、あくまで受諾は体制維持のためであった。

戦争を続ける物資も士気も尽きかけていた。しかしイラクもまたこの戦争を通じて、大きな負債を抱えた。その負債をめぐって新たな戦争へと発展したのが、イラクのクウェート侵攻に始まる湾岸戦争であった。八年にわたった戦争に誰も勝者はいなかったのだ。

二、イラン・イラク戦争と戦没者たち

イラン・イラク戦争について、イランでは「聖地防衛と押しつけられた戦争」という言い方もなされる。イラクによって一方的に開始された戦争であり、「神聖な土地」であるイスラーム共和国を防衛する戦争であったことを意味する。

約八年間続いた戦争の戦没者は、殉教者財団による統計では民間人も含め約二一万人にのぼる。[12] 表1は、職業と最終的な教育段階、また居住地域に分けた戦没者の内訳である。職業を見ると、戦没者の半数は公務員などを含めた公共セクターの従事者であり、次いで民間セクター各種従事者、学生（大学生二八九五人、高校生三万六八九八人）、主婦、退職者、十歳以下の子供、そしてその他となっている。十六歳以下の従軍は公的に禁止されていたため正確な統計はない。そのため高校生やその他というカテゴリーの中に、十一〜十五歳の少年兵も含まれる。また居住地が示すように、都市と農村の両方から犠牲者を出した。戦争半ばの一九八六年の国勢調査によればイランの人口は約四九四五万人であり、全人口の約〇・四％が戦争の犠牲になったことになる。

表1　イラン・イラク戦争におけるイラン側の戦没者内訳[13]

職業	人数	最終教育段階	人数	居住地域	人数
公共セクター	115,080	小学校およびそれ以下	80,668	都市部	147,336
民間セクター	39,001	中学校	55,677	農村部	70,153
イスラーム法学者	3,117	高校	66,334		
大学生	2,895	大学	8,061		
高校生	36,898	神学校	3,117		
主婦	3,432	不明	3,632		
退職者	300				
子供（10歳以下）	2,503				
その他	14,263				
合計	217,489		217,489		217,489

イラン側から戦闘に参加したのは、国軍ならびに革命防衛隊両軍の兵士と、モハンマド氏のような志願兵である「被抑圧者動員抵抗部隊」、つまりバスィージであった。

革命防衛隊は、革命後に急激に悪化した治安の回復と革命政権の防衛とともに、革命前に国王に忠誠を誓っていた国軍によるクーデターを防ぐため結成された。同時に、ホメイニー師の支持基盤であるイスラーム共和党への反対勢力、特にモジャーヘディーネ・ハルグなどの左派勢力による武力行使の牽制も目的としていた。そのため革命防衛隊が同師の「私兵」であるという表現には一定の妥当性がある。イラン革命直後の一九七九年二月二十一日に革命防衛隊の設立構想が公式に表明され、同年五月五日に結成された。[14]ホメイニー師を支持するイスラーム共和党に指揮権が委ねられ、体制指導部直属の軍事組織としての性格を強めた。[15]

イラン・イラク戦争が勃発すると、革命防衛隊は国軍とともに前線へ配置された。しかしホメイニー路線に対抗していたバニーサドル大統領が司令官であった時期には、国軍中心の作戦が展開された。そのため革命防衛隊司令からは、同大統領による国軍贔屓に対する不満も漏れ出た。前述の通り一九八一年六月に同大統領は弾劾され、大統領が牽制していた革命防衛隊は、同月末にはアフヴァーズ市で「サーメン・アル＝アエンメ作戦」を行い、同市を包囲していたイラク軍の包囲網を解くなど戦果を上げた。

他方、バスィージは革命防衛隊の指揮下にある志願制の民兵部隊として戦争に参加した。バスィージと革命防衛隊は元々、別の組織として発足した。一九七九年十一月二十六日にホメイニー最高指導者が二〇〇〇万人の若者を兵士とすると発言し、これを受けて、翌年一月から二月にかけて国民議会によって「国民動員」のための法的整備が進められた。そして四月三十日に内務省の監督下に「国民動員」が発足し、バニーサドル大統領によって[16]イスラーム法学者であったアミール・マジュドが「国民動員」の司令官に任命された。一九八一年三月にはアミール・マジュドに代えて、右派のイスラーム法学者アフマド・サーレク・カーシャーニーが二代目の司令官に任命された。彼はバスィージが革命防衛隊の傘下に入ることには反対であったが、ホメイニー最高指導者に従いバスィージは革命防衛隊の一部隊として編入された。

バスィージがイラン・イラク戦争に正式に参戦したのは、戦争が開始した翌年であった[17]。参戦が遅れた理由は、兵士としての訓練が十分でなかったことだった。開戦当初バスィージは、革命防衛隊に代わって国内の治安維持と取り締まりの役割を担った。しかしホッラムシャフル市の攻防戦に参加し、十三歳の若さで壮絶な最期を遂げたモハンマド・ホセイン・ファフミーデ[18]のように、自ら前線に加わった者も少なからずいた。

戦時中には高校生や大学生、遊牧民などさまざまな社会集団をターゲットとした勧誘組織が作られ、一説には参戦したイラン側の総兵士数の七五%にあたる二〇〇万人がバスィージであったとも、五五万人の学生がバスィージとして参戦したとも言われている[19]。こうした豊富な人員が戦場で繰り広げたのは、精鋭部隊の前で敵陣へと次々に突入していく「狂信的波状攻撃」という戦闘方法であった。そのなかには法的にはバスィージの年齢要件を満たさない十二~十三歳の少年兵も含まれており、戦時中から国際的な問題となっていた[20]。

先の節で見てきたイラン・イラク戦争の過程からすれば、イラン側から戦争に参加し、死亡あるいは負傷した人々は、イラク側によって押しつけられた戦争の単なる被害者といえるものではないだろう。では当事者によって、戦争はどのように語られるのだろうか。また、誰と何を戦ったと考えているのだろうか。以下ではモハンマド氏の例を検討したい。

三、語られる戦争と埋め合わせられない記憶

(1)「正義」の戦い

モハンマド氏は戦後も戦友と関係を持ち続けてきた。筆者がモハンマド氏と出会って間もないころ、彼にイラン・イラク戦争での従軍経験について尋ねたことがあった[21]。彼を含め兄弟四人はバスィージ

（志願兵）として戦場に赴いた。まだ高校生であったモハンマド氏は、対戦車ロケット弾の砲撃手であり、弟の一人は救急車両の運転手であった。戦争で兄と別の弟が戦死した。戦死した兄は救急車両の運転手であり、戦死した弟は六〇ミリ迫撃砲砲手であった。

モハンマド氏は北部戦線のコルデスターン州、中部戦線のケルマーンシャー州とイーラム州、そして南部戦線のフーゼスターン州へと転戦していった。志願兵であったため、戦場に赴くのも自由であったという。彼は作戦があるごとに戦地に赴いたため、戦場でどれぐらいの期間を過ごしたのか覚えていないほどだった。筆者が尋ねると、正確には覚えていないが三十ヶ月以上と言ったあと、赴いた作戦について思い出しながら、二十ヶ月だろ、四ヶ月だろ、十四ヶ月だから、三十八ヶ月だと数え直して答えた。彼の三年二ヶ月におよんだ前線での戦闘は、断続的に行われた。一回に赴く期間は、三ヶ月であったり、二ヶ月であったり、八十日であったりという具合であったという。

彼に戦争に行く恐怖はなかったのか尋ねた。それまで冗談を言っていた彼も、真面目な顔をしながら筆者に語りかけた。

本当に怖かったよ。一度前線に赴くとき、テヘランからゴムまで泣いていたよ。友達が「怖いのか」って訊いてきた。「そうだ」って答えたよ。そしたら「なぜ（前線に）行くのかい」って尋ねるのだ。だから私は言ったのだ。「行かなければならないからだ」ってね。恐怖はあるよ。だけど、人にとって恐怖に打ち勝つことが重要なのだ。最後まで恐怖は存在するものだ。でも、

「信仰心」や愛が恐怖に打ち勝つこと、それが重要なことなのだよ。

モハンマド氏は怖いと言いながらも戦場に赴き続けた。彼は自身を支えていたものが、「信仰心」であったと述べた。しかし前章で述べたように、彼がイスラームの宗教儀礼に傾倒したのは、革命運動が盛んになっていった時期であった。そのため彼が言う「信仰心」とは、行為の動機になったものというよりは、革命運動や戦場へと向かう中で彼を精神的に支えた「何か」ということになる。

イランは、国際的な報道などで「狂信的波状攻撃」と称された人海戦術をイラク側に仕掛けた。「信仰心」に支えられた彼もまた、狂信的波状攻撃に参加していた。仮に狂信的波状攻撃を支えていた精神力と、彼が語る「信仰心」が同じものであるならば、それは調査当時の彼が傾倒していた宗教的儀礼のような一般的な意味での信仰心とは異なるものであろう。それは彼を突き動かした「何か」としか表現できないものである。

彼はイラン側がイラク領にもっとも奥深く侵攻した「キャルバラー第五号作戦」に参加したときのことを筆者に興奮しながら話し出した。

私は「キャルバラー第五号作戦」で最前線の先頭にいた。隊列の一番前にね。後ろにいた全員が殺された。つまり、「殉教」したのだよ。一番後ろにいた友達は、内臓が外に飛び出ていた。怖かったよ。〈モハンマド氏は笑いながら右手で送り出すようなジェスチャーをして〉でもね、エマーム〈＝ホメイニー師〉とイスラームが恐怖を突き動かし、「行け、前に行け」ってね。それで前に突き進んだのだよ。そしてバスラの近くまで行った。イラクのバスラだよ。他には兵士もいなくって、衛生兵もいなくって、それで友達は倒れていて、〈倒れているジェスチャーをしながら〉内臓がざばっと出ていた。でも、そのとき彼は私になんて言ったと思う。〈首をまわしながら〉目を開けて、こんな感じで見回した。〈笑いながら左手をまっすぐ突き出しながら〉そして「行け」っていったのさ。泣くのでもなく、私を後ろに連れていけと言うのでもなく、その代わりに「行け」って言ったのさ。でも、私は行けなかった。血がたくさん出ていて、気を失ってしまったからね。

彼の語りからわかるように、彼自身も戦場で負傷した。そして、二人の兄弟が戦没した後もなお戦い続けた。

彼は何と戦っていたのだろうか。

その答えの一つは彼が戦争について語るなかで、イラク側の司令官であったサッダーム・フセイン大統領を罵倒したことに現れていた。

また後のことだけどね。〈咳をして椅子から立ち上がり筆者の前まできて〉イラク兵がやってくるのが見えたのだけど、彼は裸足だった。靴を履いていなかった。その上、武器を持っていなかった。唇が乾ききっていた。水がほしかったのさ。俺たちが武器を持っていたから、〈両手を挙げながら〉こんなかんじでやってきたのさ。「水を、水を」って〈アラビア語で〉彼は言うのだよ。水をくれってことだ。だから「来い」って〈アラビア語で〉言ったら、来たのだよ。来たから、水をあげたよ。そしたら飲んだね。

そのあと彼は持っていたカバンから妻と子の写真を見せてきてさ、妻も子供もいるから私を殺さないでくれって言っているかのようにね。でも私たちは笑ったよ。そして言ったのさ、「おれたちは人殺しじゃないぜ、サッダーム〈・フセイン〉が人殺しだ」ってね。彼は「じゃあ、私をどうするのだ」って訊くのだよ。私は「友達が負傷している」って言った。そのイラク兵はとても力強そうだったから、「負傷した友達を背負ってこい」って言ったんだよ。そう言うと、「わかった」って言ってね。負傷した友達を背負って、救護車まで運んでさ、負傷した友達を救護車に乗せてね、彼も送られていった。こんなことが突如としておこったのさ。

モハンマド氏から上記のイラク兵の話を聞きながら、筆者は少し緊張していた。友人を戦場で亡くしたと語った直後であり、彼もまた戦場で武器をとって戦っていたからだ。しかし彼は決して戦場での「武勇伝」を語ることはなかった。むしろ「武勇伝」ではなく、人間性を保ち続けていたことを暗に語った。同時に、交戦したイラク兵に対して表面的には恨みを述べることはなかったものの、人間性について疑問視していた。彼は上記のイラク兵の話に続き立ち上がったまま以下のように語った。

決して、子供を殺そうなんて考えはなかったよ。人を殺そうというのもね。決してなかったよ。〈大きく手を振って〉決して。〈椅子に再び座ろうとしながら〉でも、あいつらは殺していたんだよ。とても恥知らずなことだ。〈椅子に座り、自動小銃をかまえるふりをして〉あいつらは銃でバン、バン、バンってね。まったくもって、理解できないよ。〈険しい表情をしながら〉あいつらにはホメイニー師がいなかったからなのだろうか。のろまなサッダーム〈・フセイン〉がいたからなのだろうか。

彼は何も言わずに首を横に振ったまま、それ以上何も語らなかった。彼はサッダーム・フセインを罵倒し、彼こそが戦うべき敵であったと述べつつ、結局のところ、その意に従ったイラク兵も戦うべき敵であったことを暗に示した。

モハンマド氏は戦争について、筆者にすべてを語ったわけではない。当時高校生であった彼は年齢が近かったためにバスィージの少年兵の世話係をしていたことや、亡くなった少年兵の母親に会ったことを筆者に語ったことがあった。しかし亡くなった少年兵たちが、どのように亡くなったのかを決して語らなかった。物量不足を人海戦術で補うために最前線に投入されたバスィージたちが、地雷原を疾走し、壮絶な死を遂げたことは有名であった。同じ場にいたモハンマド氏が、少年兵たちがどのように亡くなったのかを知らなかったことはなかっただろう。彼にもいまだに語れないこともあった。

（2）埋められない記憶と憧れ

二〇一八年十二月末、引継ぎのために当時勤めていた博物館を訪れたモハンマド氏は、自身が責任者を務める、隣接していたヘイアトの事務所に筆者を誘ってくれた。ヘイアトとは、宗教儀礼を行う際の儀礼を取りしきる運営組織のことである。よりわかりやすく言えば、日本の一般的な祭りにおける神輿担ぎ集団のようなもので、革命前後から都市の各地区でこうした小規模な組織がいくつも形成されてきた。博物館が併設する聖者廟にも二〇〇〇年代に新たに設置されたヘイアトがあった。特定の時期には周辺住民だけでなく市内各地から参加者が集まる大規模な宗教儀礼を開き、事務所にも常に数人の職員が勤務していた。このヘイアトには儀礼会場の設営や来場者の整理などを奉仕活動として行う登録制のメンバーシップがあり、貢献度による昇格もあった。地域の若者たちの中にも、メンバーとして宗教儀礼の運営に率先して参加しようとする者も少なくなかった。モハンマド氏らのヘイアトは、地域にある古参のヘイアトとして、形式的には上述の大規模な宗教儀礼を合同で開催していることになっていた。しかしメンバーは年配の地元住民が中心であり、専門の職員がいるわけではなく、あくまで有志による組織であった。

彼のヘイアトの事務所は集合住宅の一室であった。十数畳程度の部屋が数部屋あり、イランの住宅としてはそれほど大きくはなかった。その日、モハンマド氏のヘイアトに集まったのは、彼のヘイアトのメンバーではなかった。モハンマド氏を除くと一〇人が徐々に集まり、正午と午後の礼拝を行ったあとで昼食をとった。壁際にソファが置かれていたこともあり密集した状態であった。

会合に参加していたのは、五十代から六十代の男性が中心であった。昼食後、普段は会計士をしているアッバース氏が場の司会を務めて、話し合いが始まった。議題は、次週に迫った「キャルバラー第五号作戦」を記念した映像上映会についてであった。彼らは、有志で集まった上映会実行委員だった。

「キャルバラー第五号作戦」は、イラン・イラク戦争中に一九八七年一月八日から二月二十六日にかけて行われた、イラクのバスラ制圧を目指したイラン側の軍事作戦である。イラク側が約一八万、イラン側が約一五万の部隊を投入し、イラク側で最大四万人、イラン側で四万〜九万の死傷者を出した。映像上映会が開催される日は、まさに作戦が始まった日にあたった。会合の参加者の多くは、この作戦に縁が深い、近親者を作戦で失った者や自身が作戦に参加した者であった。

以前筆者に「キャルバラー第五号作戦」について上述のように話していたモハンマド氏であったが、その日は話し合いのなかで口を開かなかった。参加者が資料として持ってきた、当時作戦に参加した二つの小隊の写真が筆者にまわってきたとき、彼はその写真を指さして自身が写り込んでいると筆者に話しかけた。しかし話し合いには参加しなかった。腰痛の関係で入院することが決まっていたモハンマド氏は、自身が明日入院し、手術するかもしれないことを告げるとともに、上映会に参加できるように祈ってくれと筆者に言うと部屋をあとにした。

先ほどの写真を持ってきたのは、木工芸術家のハサン氏だった。愛嬌のある顔立ちをした彼は写真の他にも、いくつかの「キャルバラー第五号作戦」の回顧録の抜き刷りを持ってきていた。また持参したノートパソコンにも、他の資料を入れていた。

ハサン氏も彼の兄とともにイラン・イラク戦争にバスィージとして参加した。彼の兄はコメイル大隊に属しており、「キャルバラー第五号作戦」で殉教を遂げた。彼は兄の属していた小隊がどのように作戦で壊滅し、兄が戦死したのかを回顧録をもとに検証した結果を参加者たちに発表した。しかしアッバース氏をはじめとした参加者にとっては、まだ検証が十分ではないようで、納得していなかった。作戦の各小隊の動きについて、参加者はそれぞれの理解を明らかにし、相互に議論していった。

そのなかでしばしば発言の中心にいたのは、遅れて会合に参加したホセイン氏であった。彼は、筆者が初めてあったときにはモハンマド氏が館長を務める博物館の職員として働いていた。彼は筆者と同じく三十代半ばであり、イラン・イラク戦争に兵士として参加したわけでもなく、親族に戦没者がいるというわけでもなかった。紺のスラックスに長袖のラガーシャツというでたちで、絨毯が敷かれた床に正座していた。一七〇センチ弱程度のそれほど高くはない身長であったが、どっしりとした体型であったために、座っていても存在を感じさせていた。

彼は控えめに発言していたものの、彼がイラン・イラク戦争についてその場にいる誰よりも知識として詳しいことは理解できた。さまざまな回顧録に彼は触れながら、自分の考えを述べていた。

以前にホセイン氏は、なぜ筆者が戦没者について研究するのかということを尋ねてきた。筆者は戦争で人が亡くなるということや、遺された人々がどのように生きていくのかを知り、それが平和を考えるうえで重要ではないかと考えているという動機を彼に語った。ところが彼は筆者に質問したわけではなく、防衛の意義をめぐって議論をするためのきっかけとして研究の動機について尋ねただけのようだった。彼が支離滅裂な論理展開で筆者と論戦しようとしてきたので、争ってもつまらないと筆者は話題を変えるために、彼に戦没者に携わる仕事をする理由を尋ねた。

彼は後述するように「殉教者」である戦没者に関心をもっており、自身でも伝記などを読んで学び、その知識をもって仕事に携わっているのだと答えた。彼が本心から戦没者に関心をもっているのだということは、彼が博物館とは異なる仕事を始めた後にもなお会合に参加していたことから理解できた。ただし、それは知的探究心であった。ハサン氏やその場にいた他の前線経験者たちが、自分たちのなかにある埋められない記憶を埋めるために会合に参加していたのとは異なっていた。

（3）虚ろな記憶に生きる

二〇一七年十二月の暮れにC地区にある共同墓地の墓標を筆者が一つ一つ見直していると、ホセイン氏と出会った。久しぶりに再会した筆者と近況を語るなかで、彼は筆者に「あの「殉教者」の母を覚えているか。彼女はこの前亡くなったよ」と話した。

ホセイン氏が博物館で働いていた当時、彼は戦没者の遺族に故人についてインタビューし、その様子を映像として保存する活動を担当していた。ホセイン氏が筆者に亡くなったと教えてくれた戦没者の母も、彼のインタビュー相手であり、筆者も取材に同行していた。

二〇一六年一月のある日にホセイン氏が近所に住む戦没者の母にインタビューをするというので、

筆者も彼に同行した。博物館の敷地を出て、ほんの数分のマンションの一室だった。

ロックをはずし、家の主人レザー氏が筆者たちを招きいれてくれた。中扉を抜けるとすぐにソファの置かれた応接室があり、床に布団を敷き、婦人が横になって寝ていた。彼女は家人以外と会う準備ができており、頭部を花柄のスカーフで隠し、服装も小奇麗にしていた。身を起こした彼女に筆者たちは挨拶をし、彼女の息子であるレザー氏は筆者たちにソファに座るよう促した。そしてイランのどこの家に行ってもそうであるように、お茶を運んできてくれた。筆者がお礼をいってお茶を飲んでいる間、ホセイン氏はインタビュー撮影のために、いそいそと準備を始めた。

部屋の壁に飾られていた戦没者の「遺影」を取り外し、固定アングルで彼女と一緒に映りこむように母である彼女の側の壁に立てかけた。ホセイン氏は何気ない会話から徐々に、彼女の出身地や家族の生業など身の上について聞き始めた。彼女は農村の出身であり、家族が小作人として農業に従事し、ブドウなどを育てていたことを語り始めた。ホセイン氏は三脚で固定したビデオカメラでその様子を撮影し、相槌をうちながらインタビューに応える彼女をデジタルカメラで撮影した。ホセイン氏は彼女が受けていた教育やその当時の農村の様子について、彼女が返答するたびにさらに詳しく尋ねた。

彼女の生活史を過去から現在へと辿っていくという方法でインタビューは進んでいった。夫との出会いや家庭生活と話は進み、その過程で彼女がC地区に住むようになった経緯も明らかになっていった。彼女の語りはしっかりとしたものだった。そして本題である彼女の戦死した息子マジード氏について話が移っていった。

ホセイン氏が彼女に彼の誕生年を尋ねたが、彼女は正確には思い出せないと答えた。すかさず息子のレザー氏がイラン暦一三三九年（西暦一九六〇／六一年）であったと補足した。またホセイン氏が子どものころの様子として、どのようなスポーツをしていたのかを尋ねると、彼女は、最初「私は見ていないのでわからない」と応えた。そこでレザー氏がサッカーをしていたというと、彼女は「サッカーはよくわからないけれど、テニスをしていた」と自信満々に語気を強めながら話し始めた。そしてマジード氏は球技が得意であったことを語りだし、彼の才能を自慢げに語った。しかしレザー氏は笑いながら、それは兄のマジード氏ではなく自分のことだというと、彼女はそうだったわねと小声で言い、その後はホセイン氏の質問にも声を細くして答えた。

ホセイン氏はマジード氏の教育について尋ねるなかで、子供らしい悪戯もしたのかと尋ねたが、彼女は一切そんなことをしなかったと応えた。過ちを犯しても、父親は激しく怒ったが、自分は止めなさいと言うぐらいであったという。彼女によれば、マジード氏は学校を卒業した後、三年半前線におもむいたので、仕事はしていなかった。ホセイン氏は、マジード氏が革命前に学校を卒業していることに気づいた様子で、彼女に前線に赴くまでの革命期にマジード氏や彼女が何をしていたのか尋ねた。彼女は自身がモスクで礼拝し、マジード氏も含む彼女の息子たちも一緒に行っていたという。ホセイン氏は革命に参加したかを再び尋ねた。彼女自身は参加しておらず、マジード氏については知らないという。レザー氏が横から抗議デモに参加していたことを話すと、彼女はいつ、どこでマジード氏が参加していたのかはわからないと繰り返していた。

前線について話が移ったとき、台所にいた彼女の娘も話に加わった。マジード氏がホッラムシャフルやアフヴァーズの前線におもむいたことを娘に補足されながら説明した。戦時下で近隣のマジード氏の同級生たちも前線におもむき「殉教」を遂げたことや、近隣住民との当時の様子を細かく話した。長らく話し続けたこともあり、彼女は疲れた様子であった。前線での彼の様子についてホセイン氏が訊ねると、彼女に代わって息子のレザー氏が答え、彼女は布団に横になった。その間にホセイン氏はレザー氏の戦争体験について尋ねた。彼もまた高校二年生のときに前線にバスィージ（志願兵）として参戦していたという。その間、横になった彼女に娘が昼食を持ってきた。

レザー氏にスプーンでシチューを食べさせてもらいながら、母もインタビューに答えた。ホセイン氏はマジード氏が「殉教」した際のことを尋ねた。「遺書」はあったのか、彼が「殉教」／戦没を遂げたとき予感はあったのかなどと問い、続いて、彼女にマジード氏に話したいことはあるかと尋ねた。彼女は話しながら徐々に感情が高ぶっていった。もう他に言葉が見つからなくなったのか、マジード氏に最後の審判の日に「殉教者」として来世へのとりなしを懇願しながら涙を流し始めた。ホセイン氏は彼女に遺影を渡した。彼女は遺影に向かって最後の審判でとりなしてくれと同じことを繰り返すばかりだった。

イスラームの世界観では、この世界はいつか終わりを迎え、死者たちも含め、神の御前で審判を受け、来世である楽園か火獄に送られる。戦没者は楽園が約束された「殉教者」であり、「殉教者」は最後の審判で一般のムスリムの罪の赦しを神にとりなすと考えられている。彼女は戦没した息子に、

「殉教者」としてとりなしを願ったのだ。

記憶の糧が思い出であるとしても、その思い出は虚ろなものであり、忘却が当事者の間でも進んでいることを彼女の受け答えは示していた。また彼女の返答に表れていたように、故人は美化され、「記憶の上澄み」が記録として残されることになる。それは死者をめぐる当然のふるまいであるともいえる。しかし記録として残されることで、美化された人格だけが伝えられることになる。

第3章　死の社会的転換装置としての「殉教」

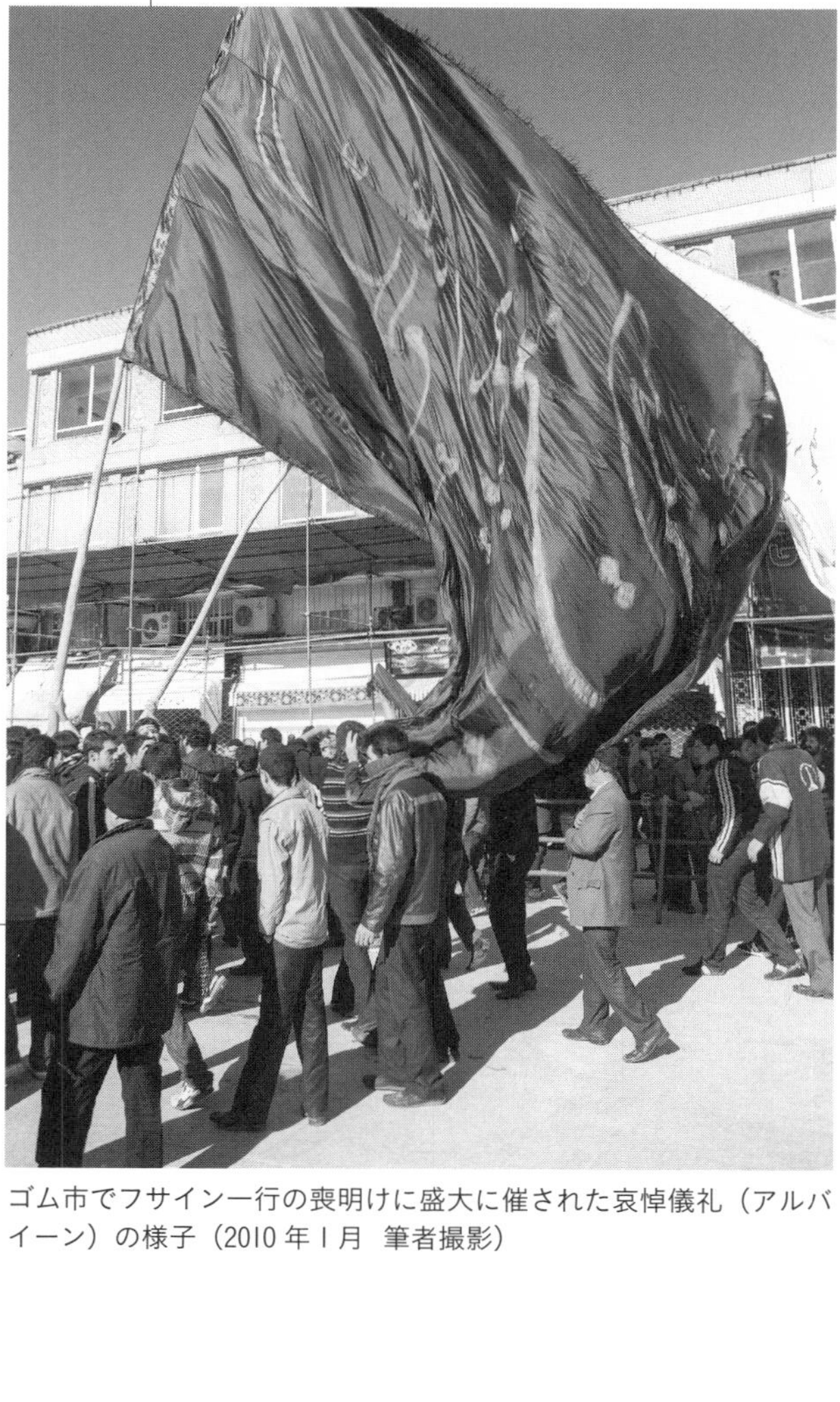

ゴム市でフサイン一行の喪明けに盛大に催された哀悼儀礼（アルバイーン）の様子（2010年1月　筆者撮影）

はじめに

現代の国家は、国民国家の原則によって建設されてきた。政治学者ベネディクト・アンダーソンのナショナリズムをめぐる古典的名著『想像の共同体』にしたがえば、時に「捏造」や「欺瞞」を媒介にしながら、ある領域内の人々が自らを国民として想像することで創られる政治共同体が国民国家である。[1] 同書において、アンダーソンは無名戦士の墓と碑が「空っぽ」であることの陳腐さを指摘する。[2] しかしたとえ陳腐であっても、国家の指導者たちは戦争などを通じて国家に「捧げられた」国民の命を厳かに弔ってきた。同時に国民の命が捧げられた理由をめぐる「物語」が、時に捏造や改竄を伴いながら創られてきた。その「物語」が上手く機能するためには、国民に受け入れられるものでなければならなかった。

パフラヴィー朝のレザー・シャーによって本格的に進められた「イラン人の国家イラン」という国民国家建設の目標は、革命によっても揺るがなかった。革命後の第一回大統領選挙ではアフガン系の出自を理由に立候補者資格が取消される事態が起きたことで、イランが国民国家であることは、もはや所与のものとして定着していることを示した。加えて、革命を契機とした亡命者を生みだす一方で、隣国イラクとの総力戦を通じて、「聖地イラン・イスラーム共和国を防衛する者」として国民を再編成した。ここでは「国民の犠牲」を正当化するためにイスラーム共和制によって紡がれた「神話」について、「殉教」という概念の変容に目を向けながら見ていきたい。

一、言説的伝統としての「殉教」

革命後のイランでは、同国の政治・社会運営をめぐって、イスラームをめぐる言説／イスラームに結びつけられた言説が大きな影響力をもってきた。[3] 革命後のイラン政治において、「殉教」を意味するシャハーダトや「殉教者」を意味するシャヒード（複数形ショハダー）は、個人の死を社会的に意義ある死へと転化させていくイラン特有の「政治装置」であることが指摘されてきた。[4]

イラン国民の約九割は、統計上イスラームの分派シーア派[5]の信徒である。シーア派では、預言者ムハンマドの死後、イスラーム共同体の指導者の地位は彼の娘婿で従兄弟のアリーであるべきで、アリーの暗殺後には彼の一族にその地位が引き継がれるべきだったと考える。イマームと呼ばれるシーア派の指導者は、政治的指導者であっただけでなく、聖典クルアーンの秘儀的意味に通じ、無謬であり、霊的にも特別な存在と捉えられている。イランのシーア派の場合には、アリーを含め一二人をイマームとして奉じている。一二代目のイマームは、九世紀半ばから現世との交信が困難な不可視の状態に姿を隠しているものの、やがて救世主として再臨すると考えられている。

シーア派において宗教的世界観を形成するうえで極めて重要な位置づけにあるのが殉教（シャハーダ[6]）である。[7] 歴代イマームはみな、神の道に従って不義と戦ってきたものの、不義によって不遇の死をもたらされ、殉教を遂げてきたと考えられている。なかでも第三代イマーム、フサインの殉教は、正義と不義との闘争という世界観を形成するうえで極めて重要な意味を与えてきた。

フサインは、初代イマーム、アリーの次男であり、また母ファーティマの家系からは預言者ムハンマドの孫にあたる。彼は父アリーが活動拠点としたクーファ（現在のイラクのナジャフの一部）の住民から、時の政権であるウマイヤ朝に対抗する指導者として招かれ、マッカ（メッカ）から一族郎党を引き連れて向かった。ヤズィードをカリフとして擁するウマイヤ朝側もこの動きを察知しており、クーファを掌握するとともに、フサイン一行をカルバラーの荒野で包囲した。彼らは数日にわたって包囲されたのち、イスラーム暦の一月十日、つまりムハッラム月の十日（アーシューラー）までに七二人対四〇〇〇人以上という多勢に無勢のなかで戦い、敗れ去った。[8]

西暦六八〇年に起こったこの事件は、時の政権であるウマイヤ朝の側からすれば、不穏分子による反乱である。しかしシーア派の文脈では、ヤズィードという不義にフサインという正義が立ち上がりながらも敗れ去った「カルバラーの物語」として語り継がれてきた。一行が殉教を遂げたムハッラム月になると、「カルバラーの物語」はさまざまな表現形態を伴う儀礼を通じて再現されてきた。一行の受難は殉教語りや殉教劇によって再現される。また、人々が集まって手で胸や頭を叩いたり、束になった鎖を体に打ちつけたり、あるいは刀剣で額を傷つけることで一行の痛みが追体験される。儀礼はフサインが殺害されたムハッラム月十日に最高潮を迎える。毎年繰り広げられる儀礼を通じて、フサインや彼に従った一行の不遇の死は殉教と自己犠牲として再現され、経験されてきた。

文化人類学者マイケル・M・J・フィッシャーは一九七〇年代後半のイランでのフィールド調査をもとに、宗教的世界観と社会認識の結びつきをパラダイムとして理論化した。彼の提起したカルバラー・パラダイム論は、革命運動に参加する人々の動機や運動の強固さを説明する上で不可欠な理論となった。[9]「毎日がアーシューラー、すべての場所がカルバラー」というスローガンは、一九七〇年代後半のイランにおける政治変動の中でリアリティを感じさせるものであった。「カルバラーの物語」も一九六〇年代・七〇年代のイランにおいては、当時の政権に対抗する象徴的な役割を果たし、当時の人々の政治認識に作用した。[10]

革命へと繋がる反王政運動全体を俯瞰してみれば、シーア派の宗教勢力だけでなく、社会主義者や無神論者、あるいはキリスト教徒やユダヤ教徒も参加していた。それゆえシーア派の宗教的世界観だけが運動の参加者たちを突き動かしたわけではない。一方で、四十日ごとに行われるデモ犠牲者への弔い、デモで叫ばれるシュプレヒコールをはじめ、運動ではシーア派に由来する宗教的言説が象徴的な役割を果たした。それら宗教的な言説は、シーア派という「伝統的な宗教」の専門家であるホメイニー師のようなイスラーム法学者によってだけでなく、近代的な高等教育を受けながらもイスラームについての思索を行った「宗教的知識人」たちによっても語られた。

一九七七年に不可解な死を遂げたアリー・シャリーアティーは、「宗教的知識人」の代表である。モサッデグによる石油国有化運動に傾倒し、彼が率いた民族主義政党にも参加した経験のあるシャリーアティーは、パリ大学に留学後には、在外イラン人学生の反王政運動に参加した。パリ大学で社会学の博士号を取得し、イランに帰国した後には、テヘラン市にある宗教文化センター、ホセイニーイェ・エルシャードなどで講義を開いた。講義や著作を通じて、彼はシーア派をイラン文化として再定位しながら同時代の社会問題の克服を試みつつ、宗教概念の再構築を通じて革命運動へと人々を誘う言説を作りあげた。〈11〉

たとえば、「殉教者（シャヒード）」である。彼は他宗教の文脈にも共通する一般的意味としての殉教者とシーア派／イラン的な「殉教者」を区別した。前者は神や信仰のために亡くなった者であり、殉教を遂げることは、その者の生命の終わりを意味する。対して後者は、「殉教」を遂げることを神に選ばれた者であり、彼らは死を遂げたとしても、生き続ける存在と説いた。〈12〉

ムスリムの間で、宗教的な概念が再構築されながら新たな言説を生みだしてきたことは珍しいことではない。文化人類学者のタラル・アサドは、イスラームを所与のものとするのではなく、ムスリムによる聖典の解釈を通じて構築される一つの言説的伝統として捉えるイスラームの人類学を構想した。〈13〉こうした構想は、革命後のイランを捉える上で、極めて有効な視点である。イスラームあるいはシーア派に由来する宗教的概念も普遍ではなく、時代に応じて再解釈・再構築される。換言すれば、今日のイランにおいて「殉教」が重要な社会政治的概念としていかに構築されてきたのかということを考える必要があるということだ。

二、イスラーム共和制史観と「殉教者」認定

イスラーム共和体制下で「殉教者」が指す対象は、漸次その範囲を拡大させてきた。その始まりは革命運動の犠牲者であり、やがて、イラン・イラク戦争の戦没者・犠牲者へと広げられていった。ホメイニー指導体制下における「殉教者」認定は、国民国家としてのイスラーム共和体制の国民と非国民の峻別にも作用した。

革命達成後、ホメイニー師の下に集合した革命諸勢力は、新体制での権力闘争を繰り広げた。革命直後から暫定政権やホメイニー主義路線を進めるイスラーム共和党幹部の暗殺が行われ、一九八一年半ばにバニーサドル政権の崩壊が露見すると内戦状態に陥った。市内では自動車爆弾や時限爆弾によって多くの市民や治安部隊、さらにはイスラーム共和党幹部に犠牲者が出た。一連の動きの中で八一年六月二十八日にはイスラーム共和党本部爆破事件も起きた。ハーメネイー現最高指導者は、その前日にモスクでの爆弾による暗殺を辛うじてのがれた。彼がイスラームで不浄あるいは凶とされる左手で今日でも握手をせざるを得ないように、彼の右腕には障害が残った。

モジャーヘディーネ・ハルグをはじめとした反体制勢力の活動によって犠牲になった人々もまた「殉教者」に加えられた。正義と不義の物語に即して言えば、イスラーム共和体制という正義のために立ち上がった人々が、不義をなす反体制勢力との闘いで志半ばに「殉教」を遂げたと考えられたの

である。同時に、不義をなした反体制勢力は、抑圧者であると同時にイスラーム共和体制における非国民として扱われた。

モハンマド氏によれば、かつてテヘラン市北部の中心地であるタジュリーシュ広場近くの路地に「シャヒード・何某通り」というのがあり、標識も掲げられていたが、後に名前が消されていたことがあったという。革命運動で亡くなった人物だが、革命後イスラーム共和体制に反対した勢力の一員であったことが判明したためだとされる。モハンマド氏が本当に正確な名前を思い出せないのか、あるいは忘れたフリをしたのかは定かではない。しかし確かなことは、革命運動の「殉教者」も遡及して、現体制により峻別されたということだ。

「殉教者」が「イスラーム共和制史観」に基づいて定義される一方で、その認定をめぐって確固とした基準や制度があるわけではない。「殉教者」の認定はあくまでも社会的に行われるという建前があるためだ。建前というのは、実際には殉教者財団の存在が、「殉教者」の社会認定に大きく作用してきたからである。二十年以上も同財団に勤務してきたモハンマド氏によれば、あくまで財団が行うのは殉教者家族に手紙を書き、彼らを「殉教者」の家族として登録することに過ぎないという。だが、財団が認定することはさまざまな行政による扶助とも結びついており、決して単に手紙が届くだけにとどまらない。

殉教者財団は革命の翌年一九八〇年三月十二日に、ホメイニー最高指導者の勅命を受けて発足した〈14〉。財団の活動目的は、革命運動で新体制樹立のために命を落とした人々の家族や、障害を抱えた人々を支援することであった。戦争が勃発すると、「革命」の犠牲者支援に加え、革命防衛隊、バスィージとともに共和体制を支える機関として傷痍兵や戦没者遺族の居住支援、医療支援、雇用、教育などの支援を行ってきた。[15] イラクとの停戦合意後、傷痍兵への支援部門は殉教者財団から革命前のパフラヴィー王室の慈善財団を前身とする「イスラーム革命被抑圧者財団」に移り、もっぱら「殉教者」関連の財団となった。

政府機関であったものの、一九八〇年代初頭の時点では予算はホメイニー最高指導者がイスラーム法学者として彼の信徒から集めた宗教税[16]を充てることになっていた。一九八〇年代半ばになると、予算の八〇%を政府予算から、二〇%を同財団の経済活動から充てるよう変更された。ハーメネイー指導体制下において、革命防衛隊や革命・戦争関連の政府系財団は国有企業の払い下げや公共事業受注によって、複数の企業を束ねる「財閥」と化していった。殉教者財団はこれらに先んじて、八〇年代半ばから政府の予算を受けつつ複数の企業を傘下に置く「財閥」として発展した。そのためハーメネイー指導体制が発足した一九八九年の時点で、既に一八〇の企業を傘下におさめていた。[17] これらは「殉教者」遺族への雇用支援とも繋がってきた。

イランの大学には「殉教者」遺族の特別枠が長らく設けられてきた。大学の定員と志願者の不均衡によって大学入学が困難な社会において、特別枠は不公平であるとして否定的な見方もあった。その上特別枠で入学しても、卒業するためには他の学生と同様に単位の認定を受ける必要があるため、結局のところ中途退学を選ぶ学生が少なくなかった。[18] こうした背景もありながら、殉教者財団は、一九九〇年に「殉教者」の子弟のための高等教育機関としてシャーヘド大学を開学し、のちに一般にも入学の門戸を開いた。医学部も設置された総合大学であり、医学部病院は「殉教者」遺族の医療支援[19]のためにも用いられてきた。

殉教者財団は、一九九八年までは運営方針が大統領府に委ねられていた。しかし一九九七年に「改革派」のハータミー政権が誕生するなか、「保守派」優位の議会と監督者評議会の決定を経て、運営方針決定権は最高指導者に移された。つまり政権に左右されない最高指導者直属の機関になり、体制指導部の方針を反映した活動を続けてきたということだ。

殉教者財団の活動は、国外でも行われている。革命後のイランは、被抑圧者の解放を謳い、イスラエル政府に対抗するパレスチナの武装組織やレバノンのシーア派武装組織を支援してきた[20]。財団は、一九八〇年代前半にイスラエルやファランヘ党[21]との戦闘で亡くなった家族を支援するためにベイルート事務所を開設した[22]。ベイルート事務所の開設に表れるように、財団によって支援の対象となる「殉教者」はイラン国内に限らない。革命発足当初から「革命の輸出」を進めたように、被抑圧者の救済はイラン国家の外交上のイデオロギーでもあった。それゆえ国外においても「殉教者」の認定と遺族の支援を進めてきた。国外の「殉教者」も、あくまで「イスラーム共和制史観」に基づいて定義されてきた。テヘラン市南部に広がるベヘシュテ・ザフラー共同墓地にある財団事務所の壁面は、国外の「殉教者」をめぐる「イスラーム共和制史観」を如実に示している。

ベヘシュテ・ザフラーとは、日本語に訳せば「ザフラーの楽園」という意味であり、預言者ムハン

図3　ベヘシュテ・ザフラー共同墓地の殉教者財団事務所の壁画（2016年1月　筆者撮影）

マドの娘であるファーティマ・ザフラーにちなんで名づけられた。テヘラン州の共同墓地であり、一九六五年に建設計画がもちあがったこの共同墓地は、一九七〇年から運用されてきた。イラン革命の際に帰国した直後、ホメイニー師が空港から直接訪れ、演説を行ったのも、この墓地である。またホメイニー師が没後に埋葬・建設された廟も、共同墓地の側に建設された。

この共同墓地のうち「殉教者」区画は、殉教者財団によって運営されてきた。その区画に埋葬することができるのは、基本的には財団が認めた「殉教者」に限られる。二〇一五年十二月から二〇一九年十二月まで筆者が調査を行っていた当時、事務所の壁面には、ジハード・ムグニーヤとハーメネイー師のテヘランでの面会の一場面が描かれていた（図3参照）。前者は二〇〇八年に殺害されたヒズブッラーの司令官イマード・ムグニーヤの息子であった。彼自身もヒズブッラーの戦士であり、二〇一五年に殺害された。ヒズブッラーはレバノンのシーア派の政治・武装・社会組織であり、長らくイランから支援を受けてきた。

面会図の下には、ハーメネイー師の言葉として「イスラーム世界の卓越した「殉教者」たちは、「シオニスト」[23]の手によって「殉教」に至った親愛なる「殉教者」であり、彼らをイマームの子供たちとして誇りに思う。シャヒード・イマード〔・ムグニーヤ〕は自身をイマームの息子と知っていた」と記されていた。

面会図の左横には、「イマームの子供たち」と大きく書かれ、一三人の人物が「殉教者」として描かれていた。一三人の顔ぶれには、一九七九年にイラクのサッダーム・フセインに処刑されたシーア派のイスラーム法学者ムハンマド・バーキル・サドルとその妹ビント・フダーのような、シーア派に関係した人物が含まれている。またアメリカの公民権運動時に黒人ムスリムの政治・社会指導者であり暗殺されたマルコムXや、フィアットの経営者一族でイスラームに改宗し不審死を遂げたエドアルド・メフディー・アニッツェリも描かれていた。あるいはイスラエルに自爆攻撃を行ったパレスチナ人リーム・サーリフ・リヤーシーが描かれていた。彼らの共通性は中立的立場からみればムスリムであることしかない。しかしイスラーム共和体制の史観を当てはめれば「不義」によって死に至らしめられた、あるいは「不義」に立ちあがったムスリムという共通性がある。

壁画の前には、墓石をかたどったモニュメントが並んでいた。多くのモニュメントは、「殉教者」

個人を偲んだものであり、その肖像画が描かれていた。その一つのモニュメントは、レイチェル・コリーのものであり、彼女の名前の前にも「殉教者」と刻まれていた。

彼女は地中海に面したパレスチナ人自治区ガザで、二〇〇三年に活動中にイスラエル軍の武装ブルドーザーを停止させるために犠牲となったアメリカ人の反戦活動家であった。彼女の宗教的帰属は一般的には知られておらず、ムスリムであるかどうかも定かでない――モニュメントに刻まれた彼女の肖像画には、殉教者財団によってムスリム女性が頭髪を覆うヒジャーブが合成で被せられていた。彼女を「殉教者」とするのはイランに限られたことではない。彼女の没後ヨルダン川西岸で彼女の名前を冠した「シャヒード・レイチェル・コリー通り」が採用されたように、パレスチナでも「殉教者」として扱われた。イランが彼女を「殉教者」として扱うのは、先にあげたパレスチナ人リーム・サーリフ・リヤーシーも含め反イスラエルとしてパレスチナを支援する立場にあったからに他ならない。

「カルバラーの物語」は、正義と不義との戦いを象徴したものであった。国外の「殉教者」の認定はイラン国家の対外方針を反映しており、正義と不義の戦いという物語はあくまで対象から遡及されて解釈されてきた。解釈に基づいて正義と不義を配置させることで、この物語の枠の中身は、理論的には無制限に拡張可能である。それは国内の「殉教者」においても同様であり、段階的に「殉教者」に包含する対象に応じてその概念を拡大させてきた。「殉教」という概念は、イスラーム共和制という国家に対する国民への奉仕を正当化させる「装置」であり、統治の手段なのである。

三、「聖域防衛の殉教者」

べヘシュテ・ザフラー共同墓地の「殉教者」区画には、イラン・イラク戦争終結後も新しく墓が建設されてきた。真新しい墓は、戦没者でありながら戦後に遺体が発見された人物や著名なイラン・イラク戦争の「殉教者」の家族、あるいは殉教者財団が認定したイラン国外の「殉教者」のために造られる。近年ではこうした墓以外にも、新しい墓が建設されてきた。その多くは、「アラブの春」後のシリアやイラクなどで起こった紛争に参加し、命を落とした戦死者たちのために造られてきた（図4参照）。

二〇一〇年末にチュニジア中部のスィーディー・ブーズィードの個人の抗議から始まった「アラブの春」は、周辺アラブ諸国における支配体制を大きく揺るがすこととなった。その波は、長期的な権威主義体制支配が続くものと考えられてきたシリアにも静かに押し寄せた。[24] 二〇〇〇年に大統領に就任したバッシャール・アサド率いる政権に対して、二〇一一年上旬から抗議デモが起こったものの、同年三月半ばまでの段階ではそれほど大規模と呼べるものではなかった。運動の高まりに伴い、デモに対する取り締まりは徐々に厳しく暴力的になる一方で、一時的には政権側も譲歩の姿勢を示した。しかし四月以降、政権側と抗議側との衝突は激しさを増した。抗議運動側も徐々に暴力的な鎮圧に対抗し、武力衝突へと発展した。七月には国軍から離反した自由シリア軍が発足し、武装闘争へと決定的に発展し、明らかな内戦状態へと陥っていった。

周辺国やロシア、アメリカ、またヨーロッパ諸国なども関与する内戦の解決は、本書を校正している二〇二一年六月時点では実を結んでいない。内戦発生からの九年間には「イスラム国」の台頭などいくつかの局面を迎えてきた。シリア国内では双方の側で市民を含め少なくとも数十万人が殺害され、五五〇万人以上が国外で生活することになった[25]。

イランの革命防衛隊は二〇一一年後半にはシリア内戦に介入を始めたと言われる。同時期から二〇

図4 「聖域防衛の殉教者」の墓標（ベヘシュテ・ザフラー共同墓地にて2016年9月 筆者撮影）

一二年九月までに四度にわたり、民間航空機によって武器、援助物資、さらには「ゴッズ軍」の人員がイランからシリアへ送られた。[26] 二〇一二年五月に「ゴッズ軍」を率いるガーセム・ソレイマーニー司令官によって、アサド政権側のシリア軍への支援関与が示唆され、九月にはジャアファリー革命防衛隊総司令官によってシリア軍傘下の民兵組織である「人民軍」の訓練補助を行うことが明言された。[27]

欧米のメディアでは、革命防衛隊部隊の参戦がたびたび指摘されてきたものの、革命防衛隊側はあくまで後方支援という立場を表向きには堅持した。しかし捕虜交換などを通じて防衛隊の直接介入を示す数々の間接証拠があった。[28] 二〇一五年九月にロシアがシリア内戦に介入すると、ロシアとも連携しながら、地上部隊の投入など直接の軍事介入を進めたと言われ、多く見積もれば一万人程度のイランの兵士や軍事顧問などが派遣されてきた。

こうした革命防衛隊による活動は、二〇一三年六月に誕生したロウハーニー政権の現実路線の協調外交とは無関係に独自に続けられてきた。[29] ロウハーニーら行政府にとって、革命防衛隊の周辺地域への紛争介入は、外交も含め行政府の機能を蔑ろにしつつ、行政府の政策方針を妨げるものであった。選挙期間も含め二〇一七年以降の第二次ロウハーニー政権は革命防衛隊の牽制を試みたが、監督者評議会などの介入によって妨害され、行政府と革命防衛隊との緊張関係が続いた。また二〇一七年以降のイラン国内での抗議運動においても、革命防衛隊のシリア内戦介入に対する否定的な意見表明がシュプレヒコールに表出された。

国内の批判にもかかわらず、イラン国家がシリアに派兵を続けてきたことは、イランの国際政治における生存戦略と関係してきた。一九七一年からシリアの大統領を務めていたハーフィズ・アサドが二〇〇〇年に死去し、後継者としてバッシャール・アサドが大統領となって以降も、シリアとイランとの強固な関係は続いた。二〇〇二年一月にアメリカのブッシュ大統領による「悪の枢軸」発言があったあと、イランはアメリカの中東戦略への対抗としてシリアとの関係を明確に強化した。イランはアサド政権のシリア、そしてレバノンのヒズブッラーとの間で、いわゆる「抵抗の枢軸」あるいは「抵抗戦線」と呼ばれる戦略的関係を形成していった。[30]

イランにとって「抵抗の枢軸」は、安全保障上の最大の脅威として想定されているイスラエルおよびアメリカから、本土に戦火が及ぶことを牽制する戦略的な同盟である。シリアだけでなく、二〇一五年ごろから内戦状態へと陥ったイエメンにおいても、革命防衛隊は「シーア派」のアンサールッラー（フーシー派[31]）に対する支援を行ってきた。そのためアンサールッラーを「抵抗の枢軸」に数えることもある。しかし革命防衛隊によるアンサールッラーへの武器供与は明らかである一方で、シリアと異なり基本的には後方支援にとどまってきた。[32]イランによるシリアとイエメンへの戦略的な違いは、前者の場合にはイスラエルの後背地を確保し、イスラエル本土に脅威を与える可能性をもつことでイラン本土への攻撃を抑制するという安全保障上の重要性が大きいことである。

イランがシリア内戦やイラクに干渉する目的は、建前としては「聖域の防衛」である。ダマスカス市内およびシリア国内には、ザイナブの霊廟を中心に、シーア派の霊廟が存在する。[33]またイラクのナジャフ、カルバラー、カーゼマイン、サーマッラーにはシーア派の歴代指導者などの霊廟が複数存在している。そのためイラン国家の立場では、単なるシリアでの紛争介入ではなく、霊廟という聖域の「防衛」を「望んだ敬虔な信徒」による神の道のための戦いと解釈される。そしてその道半ばで倒れた者は、「聖域防衛の殉教者」と見なされてきた。

二〇二〇年一月三日の深夜、イラクのバグダード国際空港で米軍の無人機による攻撃の結果、二台の乗用車に乗った一〇人が殺害された。一〇人のなかには、イラクの民兵組織カターイブ・ヒズブッラーの司令官アブー・マフディー・ムハンディス〈34〉の他、革命防衛隊のソレイマーニー司令官が含まれていた。殺害された彼らに対する「国葬」が、イラクおよびイランで数回にわたって行われ、イランでは「殉教者」として扱われた。なかでもテヘランで行われた葬儀には、初代最高指導者ホメイニー師の葬儀に匹敵する数百万人が参加した。

一月六日にソレイマーニー司令官の娘ゼイナブによって行われた演説は、父を暗殺したアメリカとシオニストを糾弾し、報復を警告するものであった。シーア派の伝承では第三代イマーム、フサインが殺害されたあと、ダマスカスのウマイヤ朝の宮廷で、フサインの長男アリーの助命と同朝が行った不義を糾弾したのは、フサインの妹ザイナブ（ペルシア語でゼイナブ）であった。

殺害されたソレイマーニー司令官は「ゴッズ軍」を指揮する、いわば「抵抗枢軸」の顔であった。なかでも対「イスラム国」との戦いを通じて、「アイドル」的存在として表象されてきた。彼の肖像は油絵風にデフォルメされ、プロパガンダ用のポスターなどに利用された他、二〇一六年九月の調査時には文房具品やTシャツにプリントされたグッズが宗教用品店などで売られていた。秘密工作を行う革命防衛隊の四番目の軍団にもかかわらず、表舞台に露にされている彼の存在は、良くも悪くもイランでは知られていた。

彼の暗殺のあと、イランのいくつかのメディアは、その死を「慶ぶ」記事を掲載した。たとえば、メフル通信社は「「殉教」を遂げることはあなたの権利でした。「殉教」おめでとう」という文面を掲載した。[35] 従軍経験について訊ねた際にモハンマド氏が、「殉教者」に選ばれると感じたことが前線に赴いたタイミングであったと笑いながら答えたことがあった。つまり、通念としては、神が信徒のなかから「殉教者」となる者を選ぶのだ。それゆえ「殉教」を遂げるということは、神に選ばれたという「祝福」すべきことになる。それは、シャリーアティーによって示された「殉教者」の解釈にも表れていた。

こうした「祝福」はソレイマーニー司令官にだけ行われてきたわけではない。シリアやイラクでの戦死者は、いずれもその戦死を「殉教」として「祝福」されてきた。彼らは必ずしもソレイマーニー司令官のような職業軍人ではなく、また建前としては強制的に徴用されたわけでもなく、自ら志願した人々である。[36] 故人にとって、この「慶び」や「祝福」が意味あるものであるのかもしれないが、彼らの遺族は「慶んで」その死を受け入れてきたといえるのだろうか。

四、埋められない記憶に直面する二つの殉教者家族

（1）ある軍事顧問の葬式——遺族の慟哭と失神

二〇一六年のある日、モハンマド氏に会いに博物館に行ったが、あいにく不在だった。事務所で待たせてもらおうと思っていると、既に出勤していたホセイン氏に出会った。以前に「殉教者」の母のインタビューに同行し、ヘイアトでの会合でも弁をふるっていた人物である。当時、博物館のスタッフであった彼は、丁度「殉教者」の葬儀の取材に出かけるところだった。

ホセイン氏は筆者をバイクの後ろに乗せ、巧みな運転で、右左と車の隙間を縫いながら瞬く間に目的地へと到着した。筆者は生きた心地がしなかった。着いた所はテヘラン市最大のバーザールやガージャール朝の王宮ゴレスターン宮殿が位置する観光地区の一角であった。昼時ということもあり、周辺には観光客の往来があったが、その建物は異彩を放っていた。門番の服装と看板の国章から、一目で革命防衛隊関係の建物であることは推察がついた。何のための施設なのかはわからなかった。看板には「殉教者昇天施設」と書かれていた。

ホセイン氏は門番の傍らにいる黒いシャツに黒いスラックスといういでたちの男性に挨拶をし、筆者も同行できるように許可をとった。しばらくすると二十代前半ぐらいのポロシャツ姿の比較的ラフな格好をした男性もやってきた。彼はホセイン氏と黒服の男性との間に分け入って、黒服の男性と交

渉を始めた。黒服の男性は、筆者についても、またポロシャツ姿の男性についても、これから行われる葬儀に参加することに少し難色を示していた。しかし携行品をすべて門番に預けるという条件で、筆者にもポロシャツ姿の男性にも参加の許可を与えた。

参加の許可は与えられたものの、筆者たちはしばらく施設の外で待つことになった。遺族の到着が遅れているため、葬儀の開始時間が遅れているのだという。ホセイン氏と他愛のない話をしながら時間をつぶした。

一時間ほどたつと、黒服の男性が中に入るように手招きをした。筆者は門番に荷物を預け、施設のなかに入った。門を抜け一〇メートルほどの緩やかな坂を進むと大きな体育館のような建物があった。その建物に沿って進むと救急車両が一台と一般の車両が一台止まっていた。その奥には別の小さな建物もあった。大きな建物と小さな建物の間には、戦場にあるカモフラージュのネットが張られ、軍の施設らしさがあった。

小さな建物の入口は狭く、入口で靴を脱ぎ、細い通路を抜けてなかに入ることになった。細い通路を抜けると、斜めに部屋が切れているものの横一五メートル、奥行き一〇メートルほどの少し広めの空間が広がっていた。室内は黒い布で全面が覆われていた。室内にはミンバル（説教台）と椅子の他、二段重ねの棺が二組置かれており、棺はイラン国旗柄の布で巻かれ、その上からビニールで包まれていた。奥の部屋との間に、社（やしろ）のようなものがあり、中には最下段に三つ、中段に二つの棺が置かれ、先ほどの棺と同じように国旗で飾られていた。その最上段の棺は、透明の造りで、なかには白い布で巻かれた遺体を模したものが飾りとして納められていた。

仕切られた奥の部屋にも、中央に棺が置かれていた。部屋の明かりは消されていたが、うっすらと様子がうかがい知れた。やはり国旗柄の布で覆われていたが、他の棺とは異なり、棺の蓋はされていなかった。本物の遺体が安置されていることは、すぐに想像がついた。

筆者とホセイン氏の他にも、部屋には人がいた。一〇人ほどの兵士と取材で訪れていたカメラマンが二人、それと先ほどの黒服の男性であった。しばらくして奥の部屋の明かりもつけられた。黒服の男性を先頭にホセイン氏とカメラマン二人が奥の部屋に移動したので、筆者も彼らの後に続いて奥の部屋に行った。彼らの他に、部屋には、棺を囲んで、いずれも黒いチャードルという正装をした、高齢の女性と中年の女性、九歳ぐらいの女児がいた。そして、灰色のスーツ姿の六十歳ぐらいの男性と十歳くらいの男児がいた。彼らは棺に納められた故人の肉親であった。明かりが消されているときには気づかなかったが、筆者が入った入口とは別に、奥の部屋に直接繫がる入口があり、そこから入ってきていたようだ。棺を取り囲む彼らの間から、灰色になった顔が見えていた。

黒服の男性がマイクをとり、哀悼語りを行い葬儀が始まった。会場には重々しい空気が立ち込めた。通常の宗教儀礼として行われている哀悼儀礼のようなすすり泣きではなく、遺族は抑えきれず激しく慟哭した。ホセイン氏も含め取材陣はその姿を逃すまいと必死でカメラを向け続けた。部屋は慟哭と、シャッターを切り続ける音と光るフラッシュで満ちていた。葬儀儀礼を終えると、黒服の男性は、遺族以外は奥の部屋から出て行くように参加者に呼びかけた。遺族を残し、我々は奥の部屋から退出した。

しばらくすると遺族の男性が卒倒したらしく、兵士が急いで奥の部屋から連れ出して処置をした。意識を回復した男性は椅子に座らされ、落ち着きを取り戻したようだった。すると今度は娘が激しく慟哭した。ひたすら「お父さん」と泣き叫び続けた。葬儀のために頭から被っていた黒いチャードルは取れ、頭髪もあらわになった。それでも人目などないかのように泣き叫び続けた。母親と叔父は彼女をなだめ続けた。しかしそれでも泣き止むことはなかった。ついに過呼吸で倒れてしまい、ようやく泣き止んだ。

黒服の男性は、幾度となく葬式を執り行ってきたはずであった。しかしその彼ですら天を仰ぎみて「おお、神よ」と涙を浮かべながらつぶやいていた。施設の一人の男性が、ミンバルの収納部からマイクを取り出した。持っていた iPhone で服喪儀礼の際に詠まれる、ノウヘ（殉教者賛歌）をかけ、マイクをその傍に置いた。

遺族の慟哭はおさまり、平静さを取り戻すと施設をあとにした。娘は歩くのもおぼつかず、肩を抱えられながら奥の部屋から消えていった。筆者たちが外に出ると、既に遺族はマイクロバスに乗った後であった。黒服の男性は、施設関係者と話をしていた。まだ午後にも葬儀が待っているのだという。

後日ニュースを通じて、棺の中に横たわっていた男性はイラン・イラク戦争中に革命防衛隊の上級将官であり、既に退役していたということを知った。彼はシリア内戦にアドバイザーとして参加し、シリアのアレッポの病院で頭部の外傷が原因で死去した。報道や市内に飾られた横断幕、そしてホセイン氏や彼の仲間たちは、彼を「聖域防衛の殉教者」として扱った。

(2) 志願兵の殉教者

それから一年数ヶ月後の二〇一八年の調査時のこと、モハンマド氏が近所に取材に出かける際に筆者も同行するように促したので、エスマーイール氏とともに彼に同行することにした。事務所からほんの五分も離れていない集合住宅には、大きなバナーが貼ってあり、「聖域防衛の殉教者」が住んでいた家であることがすぐにわかった。「聖域防衛の殉教者」の家族を取材に行くということは、事務所で話していたときにわかっていた。しかし筆者は不思議に思っていた。というのも、モハンマド氏はベヘシュテ・ザフラー共同墓地で次章で述べるような「殉教者」の遺族にインタビューする際に、「聖域防衛の殉教者」の遺族がいても決してインタビューをしようとはしなかったからだ。

ベヘシュテ・ザフラー共同墓地に埋葬されている「聖域防衛の殉教者」には、アサド政権側で戦うファーテミユーンと呼ばれるアフガン人部隊のメンバーも少なくない[37](図5参照)。実際に、筆者が彼と同行した取材の際に見かけた遺族もアフガン人であることが多かった。イラン社会ではアフガン人に対する差別が強く、アフガン難民に対する暴力事件も少なくなかった。しかしモハンマド氏がアフガン人に対して差別意識をもっていたわけではなかった。筆者がアフガン人遺族への取材はしないのかと尋ねると、彼は「殉教者」にイラン人やアフガン人という区別はないと述べ、ともに「聖域」を防衛するために戦っているファーテミユーンの勇猛さを筆者に説明した。なぜ取材しないのかについ

図5　ファーテミユーン（アフガン人部隊）の「聖域防衛の殉教者」の墓（2016年9月　ベヘシュテ・ザフラー共同墓地にて筆者撮影）

ては、彼は質問には答えなかった。

　前日に、ハーメネイー最高指導者も慰問に訪れたという遺族が住む集合住宅は、比較的近年に建設されたものだった。モハンマド氏は、顔役になっていたヘイアト（宗教儀礼集団）の責任者と深い繋がりがあり、彼に対して筆者に「殉教者」のことを教えてやってくれと頼んだ。顔役の彼がとりもつことで、筆者はエスマーイール氏とともに室内に入る許可をもらい、客間に通された。一般的な中流階級のイラン家庭という具合に室内には西欧風の重厚な家具が置かれていたが、客間自体は比較的コンパクトであった。そこには戦没者の父親と妹が重厚な椅子にそれぞれ座り、戦没者が所属していたヘイアトの責任者の男性が顔役の他にもう一人いた。筆者もエスマーイール氏とともに二人掛けのソファに座った。

　モハンマド氏はビデオカメラを回し、「聖域防衛の殉教者」の父親に彼の息子について筆者に説明するように求めた。父親は、まだ二十二歳であった息子が大学で政治学を学んでいたことなど、前途ある立派な青年であったこととともに、どのようにして戦地であるシリアへ向かったのかを教えてくれた。というのも、イランから個人がシリアへと望んで参戦することは禁じられていたからだ。

「聖域の防衛者」になることを決めた彼の息子はイラン北東部マシュハドにある第八代シーア派指導者の廟を参詣したあと、そこからアフガン人のふりをしてシリアに行き、バスィージ（志願兵）として革命防衛隊に合流し、アサド側に立って戦ったのだという。マシュハドはアフガニスタン国境に近く、アフガン難民が多く暮らす町であり、彼らのなかからもシリアにファーテミユーンとしてアサド政権側で参戦する者がいたことは不思議ではなかった。しかしアフガン人であると偽ったとしても身分証明書などを提示すれば、詐称していることはすぐにわかるため、筆者にはその説明はにわかに信じがたかった。しかし彼の父親にとっては、それが「真実」であった。筆者もそれ以上は尋ねなかった。

取材の際に、ヘイアト（宗教儀礼集団）の責任者が顔役になっていたといったが、戦死した息子はそのメンバーだった。多くのヘイアトは町内会のようなもので、町の街区の住人たちによるものである。しかし彼が所属していたヘイアトは特殊な体制派の組織であり、メンバーも「階層化」されていた。彼のヘイアトには、イラン・イラク戦争で父親が行方不明となり、兄が殉教を遂げた著名なマッダーフ（哀悼歌手）がやってくることで有名であった。第三代指導者フサイン一行の悲劇に合わせて行われるムハッラム月の宗教儀礼の際には、遠方からも多くの人が訪れ、天蓋が張られた屋外の仮設会場からも溢れかえるほどである。昼間に筆者たちに自慢の息子について語った父親はそのマッダーフから息子が「殉教」を遂げたことを讃えられ、特別に儀礼に先立って壇上に上がった。そこには息子が着用していたヘイアトの制服があった。それはつい先日、ハーメネイー最高指導者が慰問に訪れ、接吻したものであった。

「聖域防衛の殉教者」の遺族にとっても、「殉教」とは死の一面で、命の喪失である事実は変わらない。だが、その激しい悲しみは、知られることはない。悲しみを表す儀礼的な姿としてしか伝わることはないからだ。筆者はその弔いの形式的な側面を指して、戦死した「殉教者」に対する社会的祝福を「慶び」であるとする。

モハンマド氏が共同墓地でアフガン人家族にインタビューをしないことは上述した通りだが、彼のSNSには、ファーテミユーンの「殉教者」遺族と談話したことが投稿されていた。しかしそれはベヘシュテ・ザフラー共同墓地ではなく、彼の事務所を訪ねてきた遺族とのやり取りであった。彼は「殉教」という言葉を用いつつも、遺族にとっては個人の死であるということを、彼自身の兄弟が戦死したことで経験してきた。彼がなぜ共同墓地に集う戦死したファーテミユーンの遺族たちに声をかけなかったのかが理解できた。

戦死から日の浅い人物の遺族を取材しない彼が、上述の「聖域防衛の殉教者」の遺族の取材に筆者を同行させたのは、遺族が彼の知らない人々ではなく、同じ街区の住人であったからである。この他にも、かつてモハンマド氏が別の「聖域防衛の殉教者」について取材をしたときも、近隣出身者だった。彼にとってみれば、この「殉教者」と遺族たちはいわば共同体の一員であったのだ。

五、「賢者の石」の限界

シリア内戦へのイランからの派兵について、モハンマド氏は、「イランが助けなければ、見捨てられたシリアの人々を誰が助けるというのだ」と筆者に問うたことがあった。筆者は「イランである必要がどこにあるのだ」と聞き返した。筆者もモハンマド氏もそれ以上は話さなかった。お互いに突き詰めていけば答えられなくなることは明らかだったからだ。

確かにイランからの「派兵」によって守られた人々がいただろう。しかし相手を征服するまで戦火が止まないことからすれば、その戦火によって新たに犠牲になる人々もいたのだ。また何故イランが派兵する必要があるのかという問題もあった。イランがアサド政権を支援する合理的理由があるがゆえに「派兵」しているのであって、人命救助のための無償の奉仕ではなかった。反対にイランが支援するからこそ、地域覇権を許さない他の勢力の干渉もあった。しかしながら「派兵」によって救われている命があったことも事実であった。

モハンマド氏はアサド政権について消極的にしか肯定していなかった。二〇一九年に彼の新しいオフィスで話をしていたとき、彼は現在のバッシャール・アサド、その父であるハーフィズ・アサドいずれについてもよくはないと語った。彼にとって常に正しい存在はほとんど皆無なのだ。それは自身が述べていた故ホメイニー師についても同じであり、間違いを犯すのだという。彼にとって間違いを犯さない無謬の存在は、イマームだけなのだ。

モハンマド氏の冷めたような姿勢が、国家によって拡張された正義と不義の「カルバラーの物語」に及んでいたのかは定かではない。明らかなことは、「カルバラーの物語」は、イラン社会で必ずしも受け入れられてきた訳ではないということだ。時に強引な国家による「殉教者」認定には異議が唱えられ、批判が浴びせられてきた。たとえば、二〇〇五年に起こった軍用機墜落事故をめぐる「殉教者」言説はまさにそのことを示している[38]。

二〇〇五年十二月六日にテヘラン市内でC－130輸送機が墜落し、乗員九四名に加え、墜落により地上にいた二二名も犠牲になった。この事故の犠牲者を当時の大統領であったアフマディーネジャードは、事故の犠牲者である乗員および二次被害者のいずれも「殉教者」であると表現した。革命後、米国を中心に行われてきた経済制裁によって、海外からの航空機の部品が輸入制限されてきた。この事故についても軍用機の部品供給が滞ったことが原因であり、不義をなすアメリカによって抑圧された結果なのだというレトリックが用いられた。しかし実際には人為的ミスであった。人為的ミスを聖なる物語に変えようとすることの試みは、結局、政府内外からのみならず遺族からも批判を浴び、発言は撤回されることになった。

しかし発言が撤回されても、彼らは「殉教者」区画に埋葬され、墓標には「殉教者」の名前が刻み込まれた。そして毎年十二月六日が来ると彼らは、「殉教者」として弔われてきた[39]。同時に彼らの家族もまた、「殉教者」の家族として扱われ続けてきた。社会的に認められなくとも、国家はその認定を覆さなかったのである。ここに示されるのは、イラン国内の「殉教者」が、人為的ミスも含め国家のために生命を犠牲にした人々と定義されているということである。

何度も繰り返されてきたイラン国家による「正義と不義」のレトリックを用いたご都合主義は、イランの社会からも反発を受けてきた。「カルバラーの物語」になぞらえながらソレイマーニーの娘ゼイナブが警告した通り、殺害に対する報復として、二〇二〇年一月八日にイラクにある米軍駐留基地に対してイランがミサイル攻撃を行った。

イランとアメリカ両国の軍事的緊張がピークに達するなか、同じく八日にテヘランのエマーム・ホメイニー国際空港からウクライナ国際航空七五二便が飛び立った。まだ日の昇らない夜明け前、アメリカ軍によるドローンの可能性を恐れた革命防衛隊によって、同機は撃墜された。当初イラン側は単なる航空機事故として片付けようと隠蔽工作を画策した。しかし十一日になり、誤射であることを認めた。乗員乗客一七六名は全員亡くなった。

国家側のメディアでは、彼らを「殉教者」と讃えた[40]。しかしそれはあまりにも白々しく、自己弁護以外の何物でもなかった。ソレイマーニー司令官の死から作り上げられていた「カルバラーの物語」に基づく復讐という、誰も批判を口にできない興奮状況は、急激にトーンダウンした。イランの少なからぬ市民は事件の隠蔽に対する憤りと犠牲者への追悼を目的として、体制に対する抗議運動を展開した。

第4章　忘却と記憶の政治

歴史的建造物を利用したアーモル市内の殉教者博物館の外観
（2019 年 12 月　筆者撮影）

はじめに

二〇一六年の人口調査に基づくと、イランの三十七歳以下、つまり革命が勃発した一九七九年以降の出生者は約五二三六万人に上り、全人口の約六五・五％を占める[1]。つまり人口の三分の二以上は、イラン革命についても、イラン・イラク戦争の勃発についても直接の記憶がない。また直接の経験者の高齢化も進んできた。モハンマド氏のように高校卒業前から戦場に赴いた従軍経験者であっても既に五十代後半を迎えており、戦没者遺族の高齢化も進んできた。

イラン・イラク戦争について、個人にはそれぞれの経験に基づいた記憶がある。一方で、戦争そのものは、時間の経過とともにイスラーム共和体制の歴史の一つとなってきた。第2章でみたように、イラン・イラク戦争は、実態に基づけばイランにとって防衛戦争とは必ずしも呼べない。しかし戦後のイラン国家にとっては、「防衛戦争」の歴史として語られてきた。従軍経験のあるモハンマド氏や彼の知人たちは戦争についてたくさんの記憶をもっている。しかしそのすべてが語られるわけではなく、彼らも「防衛戦争」の歴史の語り手となっていった。国家による歴史と個人の記憶、集団の記憶との間にはズレが広がってきた。

以下では、世代間の差や戦争を直接体験した者が少数派となっていく中での、戦争記憶の保存の問題について検討する。具体的には、国家によって語られる公的な歴史と殉教者財団の活動との関係に着目しつつ、個人の記憶と公的な歴史との関係について思索する。

一、記憶と忘却と殉教者博物館

歴史学では「記憶ブーム」と呼ばれる学問的潮流が一九八〇年代に起こった。[2] その潮流の旗手の一人であったフランスの歴史学者ピエール・ノラは、過去を想起することを意味する「記憶」と、日常的に用いられる「歴史」という用語が、あらゆる面で相反することを指摘した。

記憶は生きた集団によって担われ、内的・外的要因により想起と忘却を繰り返し、常に可変的であり、感情的なものである。これに対して、歴史は、分析と批判的言説を必要としながら、知性・理性に基づき、もはや存在しない過去を再現するものである。記憶は放っておけばいずれ失われる過去であり、他方、歴史はその自然の摂理に抗いながら生み出されるため、両者は自然と人工としても対置しうる。[3] 記憶は自然な本性により忘却されるが、それに逆らうため、「記憶の場」と彼が呼ぶ、過去との連続性を感じさせる近代的装置が生み出されてきた。

記憶の場という概念が出現したのは、われわれの世界が儀礼を失っているからである。記憶の場とは、根底から変容し革新されつつある共同体が、技巧と意思とをもって、生み出し、宣言し、また維持するものである。それは本質的に古いものにより新しいものに、老いたものにより若いものに、過去により未来に、価値を与える。博物館、文書館、墓地、コレクション、祭典、記念日、条約、議事録、モニュメント、神殿、アソシアシオン、これらはみな過ぎ去りし時代の、永遠という幻想のしるべである。〈4〉

彼は記憶の崩壊に直面しながら、いかに記憶が体現されるのかという問題について、フランスの文脈に即しながら、過去との連続性を想起させる「記憶の場」に着目して検討していった。

「記憶の場」が、過去との連続という感情を生み出したとしても、その過去は忘却を逃れた記憶から再構成された過去であるとは限らない。フランスの哲学者ポール・リクールは、ノラを踏襲しながらも、忘却を自然の本性とは必ずしもみなさず、第二次世界大戦後のフランス社会での「赦し」の問題を扱いながら、忘却の人為的な側面について思索を深めた。

彼は忘却を三つに分ける。〈5〉一つは、「阻まれる記憶」としての忘却であり、日常生活の精神病理学に属する障害である。この限りにおいては、忘却は自然の本性である。しかし二つ目は「操作される記憶」としての忘却であり、ある権力や秩序の自己同一性を担保するために、イデオロギー化あるいは道具化された記憶を公的な記憶として、個人の記憶に取ってかえることである。最後に「命令される記憶」としての忘却であり、赦しを目的として特定の記憶を制度的に否認することである。二つ目、三つ目の忘却は自然本位のものではなく、いわば人為的に「創られる」忘却である。〈6〉

人為的な忘却は、「記憶の場」によって新たな歴史解釈を創造しようとする歴史修正主義が介在する余地を示唆している。当事者たちの間で暗黙の了解であったことも、記憶として語り継げなければ、異なる解釈の余地を与えてしまうこともあるからである。反対にそれは歴史言説を問い直すうえで、個人がもつ記憶の重要性を改めて確認させてくれる。記憶が公的に語られる歴史言説を問い直すものであることは、中東地域を対象とした研究でも意識されてきた。[7] なかでも半世紀以上にもわたるイスラエルとパレスチナの対立に関しては、政治的に忘却を迫られることへの抵抗としての記憶について検討が重ねられてきた。[8] しかし革命後のイランを対象とした欧米の研究では、記憶と公的な歴史言説との関係について、それほど意識されてこなかった。

イランの戦後世代は、戦争について親など身近な声を通して知ることもあるが、家族以外の他者の声によっても戦争について知ることになる。学校教育や刊行された書籍や映像資料、また戦争を経験した当事者からの生の声に加え、毎年イラン暦の新年頃に行われる前線跡地への無料ツアー、そして博物館への訪問を通じて戦没者や戦争について学ぶことになる。博物館や戦跡という「記憶の場」はイランにおいても形成されてきたのだ。

イラン国内には、イラン・イラク戦争の戦没者を主な展示対象にした博物館が、二〇一九年末時点で建設中のものも含めて二二あった。[9] その始まりは、停戦翌年、一九八九年に専門博物館としてチャハール・マハール・バフティヤーリー州の州都シャフレ・コルドで開館した「殉教者遺産博物館」であった。この博物館の別名が「聖地防衛博物館」であるように、展示対象の「殉教者」とは、まずはイラン・イラク戦争の戦没者を指す。

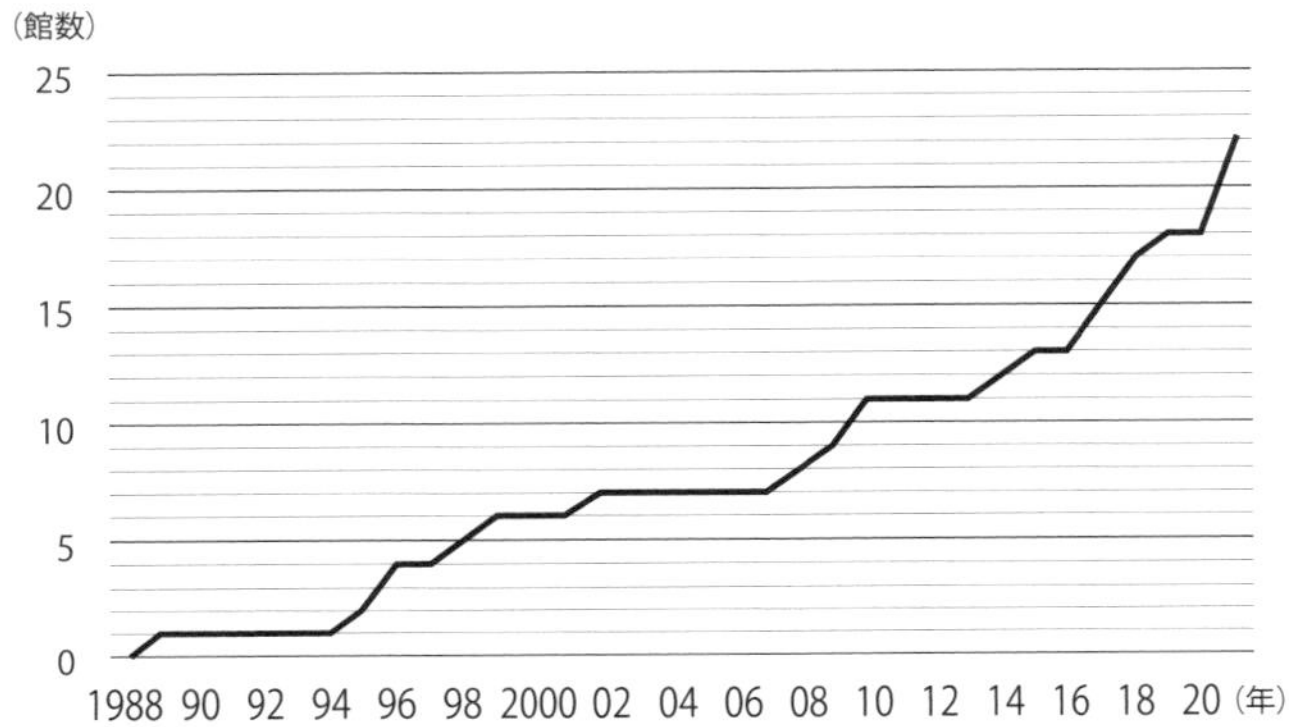

図6　「殉教者」を対象とした展示を設ける専門博物館数の推移

戦没者に関する展示に含む博物館数の推移を示した図6[10]が示すように、一九九八年ではまだ四ヶ所であり、停戦から二十年後の二〇〇八年でも八ヶ所にすぎなかった。[11]戦争から二十年以上がたった二〇〇〇年代後半から、ようやく設置が本格化した。それはちょうど、「軍」が政治勢力として台頭してきた時期でもある。

設置が本格化する以前を仮に「黎明期」と呼ぶとすれば、「黎明期」に設置されたなかでも全国区の戦没者／「殉教者」を展示対象とし、最も研究上の関心を集めてきたのが、テヘラン市の殉教者博物館である。殉教者財団によって運営されてきたこの博物館は、地理的にテヘラン市内中心部にあり、一九七九年に革命派によって占拠された旧アメリカ大使館の通りを挟んだ向かい側にある。殉教者博物館の看板が掲げられ、入口のガラス扉には「殉教者」を象徴する花であるチューリップがあしらわれていた（図7参照）。壁面はガラスディスプレイになっており、筆者が訪れた二〇一六年初頭や二〇一九年十

図 7　テヘラン市中心部の殉教者博物館の正面玄関（2016 年 1 月　筆者撮影）

図 8　テヘラン市中心部の殉教者博物館の展示室（2016 年 1 月　筆者撮影）

二月には彫刻が飾られていた。

中東・ムスリム社会をフィールドとした映像人類学的研究を牽引してきたクリスチャン・グリューバーはこの博物館について興味深い指摘を行っている。展示について分析を行った彼女によれば、そこは訪問者を集合的な記憶と追悼へと誘い、国民の「基部」へと統合するドラマチックな場であるという（図8参照）[12]。

展示物の多くは、戦場からそのままに「引き上げ集められたもの」であった。小さなクルアーンやクルアーンの朗誦台、タスビーフ（数珠）にモフル[13]や紅玉髄の指輪のような信仰に関連する品、衣服に帽子や鉢巻き、耳あてやメガネ、腕時計や靴といったような衣装類、ナイフなどの武器やヘルメットなどの装備類。その他雑多なものとして、カセットテープやバラ水の入った小瓶にラミネート加工されたホメイニー師の肖像、ハンカチにかばん、メダル、詩集、身分証、現金、手紙などであった。また義手や泥まみれのブーツなど生々しい「身体」も展示されていた。

モノによってイラン・イラク戦争の歴史を語らせるだけではなく、「殉教者」の写真による視覚的なイメージに訴える展示も行われていた。生前の「殉教者」の肖像写真だけでなく、血も乾かぬ死の直後に写された写真、さらには、「殉教者」を題材とした彫像や彫刻、絵画などの芸術作品も飾られていた。グリューバーが同博物館を訪れた際も、筆者が訪れた際も、展示の内容にそれほど大きな違いはなかった[14]。

この博物館で扱われた「殉教者」も、他の殉教者博物館と同様にイラン・イラク戦争の戦没者を展示対象の中心に据えていた。戦没者以外では、二十世紀初頭からイランで行われてきた立憲革命やジャンギャリー運動など未完に終わった「革命」での犠牲者、さらには反王政活動により死刑囚となった政治犯も展示対象として扱われていた。殉教者博物館が対象とする「殉教者」とは、イラン・イラク戦争の戦没者を中心にしながらも、イラン・イスラーム共和体制の「礎」を築いた歴史的な奉仕者を指していた。また博物館が置かれたテヘランに地縁があるとは限らず、展示対象者の出身地はイラン全土にわたっていた。

グリューバーは、殉教者博物館を、博物館の社会的な役割をめぐる研究に従いながら集合的な記憶と追悼へと誘う国家的装置として捉えた。しかし展示を通じて発せられるメッセージ、あるいは博物館の展示全体から得られる物語性を読み解くことは、筆者のように背景的な知識をある程度もつ者でも難しい。「殉教者」に関連した遺品を置くことで、「殉教者」というものがかつてイランの社会に生きていたという事実を訴えかけるのみといっても過言ではない。展示対象の個々人について知らなければ、素朴で雑多なるモノの集積に過ぎないとも言えよう。つまり展示のストーリー性が見えてこないのだ。

革命運動の死者、イスラーム共和制を樹立するうえでの奉仕者、イラン・イラク戦争の犠牲者、反体制派によるテロによる死者など異なる位相の「殉教者」がディスプレイケースのなかに押し込まれていた。異なる位相の「殉教者」が雑多に詰め込まれることで、「殉教者」という概念そのものが操作的であるということに来館者も気づく。それゆえグリューバーが言うように、来館者をナショナルなものに統合できるかは甚だ疑問である。

また筆者がテヘランの博物館を訪れた際には、平日の午後であったこともあるだろうが、来館者はほとんどおらず、ライトが灯されていない展示場もあった。かろうじて係員がいた場合には声をかけて展示場に明かりをつけてもらったが、係員がいない展示場もあり、室内に入る明かりだけを頼りに観覧した。それゆえ国家による国民教化の場として殉教者博物館が機能しているとは言い難く、社会的な役割について今一度検証する必要がある。同時に、殉教者博物館を運営してきた殉教者財団と公的歴史言説との関係についても、記憶と忘却に留意しながら検討する必要がある。

そこで、殉教者博物館という場がどのような性質の「記憶の場」としてイラン社会に存在してきたのかをモハンマド氏の活動に焦点を当てて検証し、帰還兵である彼の動機に迫りたい。と同時に、彼の活動における戦争や戦没者をめぐる個人の記憶に対するアプローチに留意を払い、公的な歴史言説や「殉教」言説との関係についても検討を行う。

二、殉教者博物館という地域コミュニティ空間

殉教者財団の関連施設であったモハンマド氏が勤めていた博物館は、二〇〇〇年代後半から開発が進み高層マンションも建ち並ぶ新興住宅地区であるテヘラン市北部のC地区にあった。開発が進められる以前には、緑豊かな地域であり、筆者が初めてイランを訪れた二〇〇二年にはまだ十分に開発が

図 9　1980 年代半ばごろと 2016 年の C 地区の同地点（坂の上下は逆方向から撮影、
上：撮影者不明 1980 年代後半、下：2016 年 9 月　筆者撮影）

進んでいなかった（図9参照）。博物館は、その地区にある一九九〇年代前半に改修されたシーア派の指導者（イマーム）の子孫の霊廟に併設されていた。そのため規模としてはグリューバーが調査したテヘラン市中央にある殉教者博物館とは延べ床面積という点で比べ物にならないほど小さく、また地方の殉教者博物館と比較しても小さい。

この博物館でも、展示対象はイラン・イラク戦争の犠牲者だけではなく、さまざまな理由で「殉教」を遂げた人々であった。しかしながら、その中心はイラン・イラク戦争の犠牲者であり、また博物館が設置された地区に縁のある者に限られていた。この地区からだけでも、戦争を通じて五七八人が犠牲となり、市内でも特に戦争の犠牲が大きかった。犠牲者たちは戦地に赴いた兵士だけではなかった。戦争末期の一九八八年にミサイル開発に成功したイラク軍によるテヘラン市への地対地ミサイル攻撃によって住人も犠牲となった。こうした背景もあり、一九九七年に同地区に博物館が設置された。

調査中長らくモハンマド氏を開館時からの館長と思い込んでいたが、彼は二代目の館長であった。初代の館長は博物館近隣の地区の出身者で、戦死者の父親であった。彼の息子は、十二歳のときにバスィージとして二十日間最初に前線に赴いた一九八四年から途切れ途切れに四年間従軍し、停戦合意間際の一九八八年七月に迫撃砲を受けて戦死した。モハンマド氏本人も含め正確なことが思い出せないようであったが、彼の同僚によれば、モハンマド氏が館長についたのは二〇〇〇年代になってからのことであった。それ以前、モハンマド氏は一九九〇年代にはテヘラン市の殉教者財団本部や財団の地区支部に勤めていた。

筆者が調査を行っている間、モハンマド氏らが殉教者博物館で博物館らしい業務をしていることはあまり見られなかった。スタッフは普段、「殉教者」の親族や知人へのインタビューといった取材や撮影した取材映像の編集、ワークショップの開催、食事提供の準備を行っていた。

展示を来館者に見せるという一般的な博物館で行われる通常業務については、それほど力が入れられていなかった。スタッフが不在の場合を除いて入口のシャッターも扉も開いていたが、展示室の電灯は大抵消えていた。来館者が展示を見るときに限り展示室の電灯がつけられていたのだ。

展示室は、全体に緑を基調とした色彩で統一されていた。電灯をつけても室内全体にわたる照明が光度の低い蛍光灯ということもあり、全体的に暗い印象であった。「殉教者」の遺品が納められたディスプレイも、段のあるタイプのものが基本であり、ディスプレイのなかには蛍光灯を照明として用いるものもあった。遺品は、他の殉教者博物館と同様に雑多なものであった。当然ながら展示資料について、温度や室温、また輝度といった資料保存の観点からの配慮はなされていなかった[15]。展示されている遺品は、博物館のある地区に縁のある「殉教者」のものだけを対象としていた。

展示室の一角には、かつての前線の中心地にあるイラン・イラク国境のシャラムチェのモスクの模型が展示されていた。戦後に建設されたそのモスクは、イラン暦の新年に行われる無料のイラン・イラク戦争の前線ツアーの目玉の一つである。モハンマド氏にとっては、兄弟が「殉教」を遂げた場所にあたる。また別のコーナーには、「殉教者」の遺品が日本の仏壇のように飾られていた。戦死した地区出身の兄弟のコーナーであり、奥まった場所にディスプレイケースに遺品が納められ、そのケースに向かって参道を作るように花瓶が置かれ、壁には絵画が飾られていた。モハンマド氏によれば、それらは近隣に住む「殉教者」の母が製作したものであった。

二〇一五年以降に博物館を何度か訪問した間にも、展示は部分的に変化していた。その変化は、展示室内の配置変更と新たな遺品などの寄贈・収集によるものであった。図9の上の写真も戦没者遺族から新たに収集したものの一つであった。ある日、事務所でモハンマド氏を待っていると、ビニール袋をもった彼がやってきた。儀礼的な挨拶の後、開口一番に写真アルバムを開きながら、それが戦没者の家族から譲り受けたものであるということを説明してくれた。アルバムのなかには、当該戦没者の葬儀で、「弔辞」を拡声器を使って読み上げるモハンマド氏の写真もあった。これが私だと指さして教えてくれた。

マリーン・フロマンガー[16]はテヘラン市南部の中下層階級の戦没者／「殉教者」遺族の家庭について、家庭内という私的空間での戦没者の追悼をめぐる経年変化について調査した。彼女によると、私的空間における戦没者の追悼は、繋がりをもった家族には一種の義務であった。そのため家庭内に戦没者の写真や肖像、そして「祭壇」が築かれる。しかし遺族内の「殉教者」との繋がりをもった熱心な人物が亡くなると、その義務もまた失われ、徐々に私的空間から戦没者を表すモノが消失していくというのだ。義務が果たされたあとの戦没者の遺品や写真、また肖像の行く先の一つは、モハンマド氏が集めてきたアルバムのように殉教者博物館なのである。

二〇一九年十二月の調査時には、それまであまり足を運んでいなかった地方にある殉教者博物館を中心に聞き取り調査を行った。二〇〇八年に開館したカスピ海に程近いイラン北部アーモルにある殉教者博物館は、市内中心部にあったものの、やはり来館者は筆者を除いて誰もいなかった。

博物館として用いられていた建物は、イランの文化遺産にも登録されている歴史的建造物でもあった。元々はカスピ海を治めたシーア派王朝であったマルアシー朝（一三五九—一五九六）の創設者の廟として建築され、その後スーフィー（イスラーム神秘主義者）[17]の修道場としても使われていた。そのため室内には空間的な余裕があった。壁沿いにディスプレイケースが置かれ、そのなかには戦没者を中心とした「殉教者」の遺品が雑然と展示されていた。かつて隠遁修行のために用いられていた小部屋にも無理やりディスプレイケースが置かれていた。壁にはイラン・イラク戦争当時の様子や著名な司令官の写真が額縁に納められ飾られていた。また殉教者家族が作成したというアート作品も置かれていた。

常駐するスーツ姿の五十代くらいの係員がいたが、彼は文化遺産庁の職員であった。彼は親切にも先述した建物来歴を一通り解説してくれ、どこの部分がいつ修復されたのかを細かく説明してくれた。先に述べた施設の由来についても彼に教わった。文化遺産庁の職員に「殉教者」の展示について聞くことはお門違いな気もしたが、展示について尋ねた。予想通り、展示は殉教者財団によって行われているのでよくわからないということだった。

筆者が展示を一通り見回ると、明らかに一般市民が「殉教者」として扱われている一角があった。

図10　ガズヴィーンの殉教者博物館（2019年12月 筆者撮影）

その展示コーナーについて、先ほどの係員に念のため尋ねた。彼はこれらの人々が「殉教者」として扱われているのは当たり前だといわんばかりに、彼らがアーモルの共産主義者の蜂起によって内戦で亡くなった人々だと教えてくれた。内戦とは毛沢東主義者であった「イラン共産主義連盟」によって、イスラーム共和党の支配に反抗するために行われた「一九八二年アーモル蜂起」のことであった。筆者は恥ずかしながらこの蜂起について知らなかったが、アーモル出身の彼にとっては当たり前であった。地方の閑散とした殉教者博物館の展示には、それぞれの地域コミュニティで共有されている歴史が反映されているのである。

アーモルの博物館は、歴史的建造物ということもあり、係員も常駐し、開館もしていたが、なかには係員に言わなければ入口が施錠されているところもあった。ガズヴィーンの共同墓地にある殉教者博物館を訪れたところ、共同墓地の隣に設置された入口は施錠されていた。隣接する事務所で紅茶を飲みながら談笑していた関係者らしき人物に声をかけると、正面入口ではなく関係者口を解錠し、なかを見学させてくれた。もちろん筆者以外に誰も来館者はおらず、係員もすぐに事務所へと戻っていった。展示場には、筆者一人が取り残され、血の染み付いた展示品もあったため、薄気味悪かった（図10参照）。

展示物を眺めていると、戦後の二〇〇〇年代以降に没した人物に関する資料があった。写真に写り込んだ周囲の様子から近年に撮影された肖像写真であったが、近年シリアなどで没した兵士とは別の展示区画に入れられていた。彼らは毒ガスの後遺症も含めた傷痍が死因となった人々だった。戦争による「殉教者」の数が変動するのは、こうした死者を含むためである。傷痍を原因としたすべての死者が「殉教者」として展示されているわけではなく、戦後に著名な功績を残した人物に限られているとはいえ、彼らもまたローカルな殉教者博物館によって展示の対象に漸次加えられてきた。殉教者博物館の展示は、戦後も続くローカルな社会に埋め込まれた戦争の爪痕を絶えずアップデートしていることを示していた。

三、「殉教者」の記憶化——記憶をひろい集める

二〇一六年元日、早朝から筆者は墓地にいた。モハンマド氏とともに、テヘラン南部にあるベヘシュテ・ザフラー共同墓地の「殉教者」区画を訪れる約束をしていたからだ。[18] イランでは、春分の日を元日とする太陽暦によって行政上の暦として利用し、それにイスラーム太陰暦が併用されている。そのため西暦で元日といっても何ら祝祭としての雰囲気はない。

二〇一六年の元日は、ちょうど金曜日にあたっていた。金曜日は、イランで一般的に休日にあたるというだけでなく、死者との関係で特別な日である。金曜日には死者たちが家族のもとを訪れると考えられている。[19] そのため死者に会いに墓参りに訪れる人も少なくなく、朝から墓を掃除する人や、掃除した墓の周りで朝食を食べる人も珍しくない。

モハンマド氏は「殉教者」の縁者と出会う機会が多い金曜日の朝、墓地の「殉教者」区画をまわり、「殉教者」の縁者にインタビューし、その様子を撮影することを長年の習慣としていた。彼はイラン革命やその他の事件で亡くなった広義の「殉教者」の縁者にもインタビューを行っていたが、主な対象は戦没者の縁者であった。

「殉教者」区画には、管理施設のとなりの建物で朗誦される「ドアーイェ・ノドベ」がスピーカーを通じて流され、寂しさに包み込まれている。ドアーとは祝詞（のりと）のようなもので、「ドアーイェ・ノド

べ」とは字義通りにいうと、すすり泣きの祈願、あるいは嘆きの祈願という意味であり、金曜日に唱えられる。

寒い朝ということもあり、モハンマド氏は黒いニット帽をかぶり、厚手の黒のジャンパーを着て、しっかりと防寒対策をしていた。首には白地に黒の格子柄のチェフィーイェが巻かれていた。日本でアフガンストールと呼ばれることも多いチェフィーイェは、被抑圧者を象徴するモノでもあり、ハーメネイー最高指導者も薄い黒い外套の下にいつもチェフィーイェを羽織っている。イラン・イラク戦争に赴いた兵士たちも、汗や涙を拭くなどタオル代わりに日ごろ身につけていた。モハンマド氏は「殉教者」区画で取材をする際には、季節が異なっても必ずチェフィーイェを身につけていた。それは彼にとって「戦闘服」のような役割を果たしていた。

その日は筆者が初めて同墓地を訪れるということもあり、モハンマド氏は「殉教者」区画について解説しながら案内をしてくれた。区画内にあるモニュメントや殉教者財団の関連の施設、著名な人物の墓を訪れ、生前のエピソードを踏まえての説明を受けながら歩き回った。歩き回りながら、彼はその日の取材相手を探しており、時々墓に集う人に故人について話を聞かせてほしいと声をかけた。墓石を掃除する女性にも声をかけたが断られた。彼女によれば、隣人の縁者の戦没者の墓であり、海外に移住してしまった隣人に代わって墓掃除に訪れていたため、故人については知らないということであった。

彼女はそっけなく筆者たちに言うと、黙々と墓石に水をかけながらブラシで掃除し続けた。モハンマド氏はよきことであるというニュアンスで、彼女が掃除する姿を見ておきなさいと筆者に促した。それは彼にとっては自分と同じく、「人々」が「殉教者」を大切にする姿であったからだ。

その日、インタビューに応じてくれたのは三組であった。そのうちイラン・イラク戦争の戦没者の縁者は一組だけであった。他の二組は革命運動中の「殉教者」の縁者であった。いずれのインタビューも質問項目が定式化されていた。インタビューを行っている相手の名前と「殉教者」との関係、「殉教者」についての思い出、どのような理由でどのように「殉教」をしたのか、「遺書」[20]の類いはあったのかを質問していくのである。モハンマド氏は片手にビデオカメラを持ちながら撮影し、カメラの焦点を時に墓石にあてながらインタビューを進めていく。時には片手で撮影し、もう片手で写真をとることもあった。

モハンマド氏はインタビューの中で決まって「「殉教者」は生きているよね？」と相手に尋ねた。相手が感極まっている際には、それを宥めるかのように尋ね、続けてなぜ感極まっているのかを尋ねた。相手が冷静に答えている場合には、生きているはずの「殉教者」に対して話しかけてくれと促した。いずれのインタビュー相手も、「「殉教者」は生きている」ことを否定することはなかった。感極まった相手は、自分が「殉教者」に選ばれなかったことの悔しさなのだといったように、まわりが納得できるような説明を行おうとした。あるいは冷静に答える相手であれば、カメラに向かって一方的に話すため、ぎこちなさはあるものの「殉教者」に話しかけていた。インタビューの最後、モハンマド氏は連絡先を交換した。映像を編集し、公開するときに連絡をするためだ[21]。

帰りの車内で取材活動について尋ねると、博物館の館長になる前から行っていることで、既に何十年も続けていると述べた。あくまでその活動は自分自身で決めたことであるとも述べていた。筆者はモハンマド氏の活動を献身的（フェダーカール）と表現すると、彼は献身ではなく、奉仕（イーサール）だと強く言い返した。「何故（奉仕をするか）だって？　一〇〇人も友達が殉教したのだよ。一〇〇人もね。彼らのことを忘れることはできないのだ」と言い、運転する自動車のハンドルに添えた左手から指にはめられた紅玉髄の指輪を外し、筆者に見せながら興奮気味に話し続けた。「この指輪はそのうちの一人のものなのだよ。見てくれよ、ほら。（指輪を）何のために彼が与えたかだって？　今日まで彼の道は続いているのだよ」。

ハンドルを握り直し、彼はそれ以上語らなかった。彼は「殉教」が美しい物語ではなく、また死は現世での人の命の終わりであるという事実を出発点にしながら「殉教」を捉えていた。

数分後、再び彼が口を開いた。それは遅い朝食を食べに行こうという誘いだった。筆者は促されるまま、彼と羊のもつ煮込みであるスィーラビーを食べに行った。立ち食いスタンドで食べていると、その単純な料理こそが、イランで数千年前から食べられている料理なのだと彼は説明してくれた。口に運ぶたびに羊肉特有の匂いに嗅覚が刺激されながら、冷えた体が温まっていった。生きているということを感じずにはいられなかった。

四、記憶と忘却の政治

革命後のイランを一度でも訪れたことがあれば、ビルなどの建物の壁画や大小の通りの名称から、革命や戦争の犠牲者が「殉教者」として社会空間のなかに埋めこまれていることにすぐに気づくことになる。たとえば「シャヒード・何某」駅、「シャヒード・何某」通りといった具合に、駅名や通りや路地の名前となっている。二〇一六年一月のある日、車を運転するモハンマド氏は筆者にすべての通りの名前は「殉教者」に繋がっていると口にした。助手席に座った彼の長女が、過ぎた通りは一一番目と書かれていたと言うと、それは一一番目の「殉教者」の意味だと彼は冗談で応えた。

革命後にビルの建物はキャンバスとなり、国家のプロパガンダ・メディアとして、イラン・イラク戦争が始まると戦場で犠牲となった人々が描かれた[22]。壁画は、都市空間に埋め込まれたメディアであり、壁画の作成設計者と壁画を見たものの間にある種のコミュニケーションを生み出す存在であった[23]。

一九八〇年代の設計者たちは、日々の生活の中で一般市民が戦争をめぐる壁画を目にすることで、図像を媒介として戦場で戦う人々と市民を繋げようと企図した。実際の戦闘場面に基づいた写実的な描写によって、「故郷」に住む者が戦場にいる者と疑似的に戦場の経験を共有しようとしたのだ。

戦後、壁画は、イラン・イラク戦争に多くの犠牲を払ったことの意義を説明しようとする政府の試みに用いられるようになった[24]。たとえば、政府が戦後も支援を続ける傷痍帰還兵は重要な題材となった。戦争は停戦を迎えたが、戦争の爪痕はいまだに残り、「闘い」が続いていることをそれらは示そうとしていた[25]。

戦後の復興期を経て、二〇〇〇年代前半以降、壁画には作家性が顕著に示されるようになった。ちょうどテヘラン市などでは壁画を取り巻く状況が大きく変わった時期と重なっている。テヘラン市では二〇〇一年からは、市の「美化局」に壁画のスポンサーの権利を一元化する方向性を打ち出した[26]。同時に壁画部門の担当者は、プロパガンダを目的とする政治的壁画は保存せず漸次廃止し、代わりにパブリック・アート化を進めた。一元化は実現されなかったものの、二〇〇四年からは、新たな壁画を決めるためにコンペが開催され、画家たちが表現を競い合う状況が生まれた[27]。

画家たちによる新たな壁画が民間のアパートの壁面などに描かれたのに対し、国家のプロパガンダを目的とした壁画は、政府系関連の建物の壁面に描かれ続けた。政府のプロパガンダを目的とした壁画は、生活している人々には慣れきったものとなり、もはや変化にも気づかない「目に見えない背景」になっていった。しかし記憶と権力との関係に着目すれば、官製の集合的記憶を社会空間に埋め込む役割を担った[28]。それゆえ国外の研究者にとって、壁画をめぐる変化はイラン政治の変容を知る手がかりとして注目されてきた[29]。たとえばエジプト人政治活動家ハーリド・イスラームブーリー（ペルシア語ではハーレド・エスラームブーリー）の壁画である（図11参照）。

モハンマド氏はテヘラン市内の壁に描かれた壁画を写真に記録してきた。街がいかに「殉教者」に埋め尽くされているのかを説明するなかで、獄中のイスラームブーリーの壁画を筆者に見せた。イス

図 11 モハンマド氏が撮影した消去前のイスラームブーリーの肖像壁画（2015 年 12 月筆者撮影）

ラームブーリーは第四次中東戦争でイスラエルと和平を結んだエジプトのアンワール・サーダート大統領を一九八一年十月六日に暗殺した急進的イスラーム主義者である。彼は一九八二年四月に処刑されたが、イランにおいては「殉教者」として扱われた。先述したベヘシュテ・ザフラー共同墓地の「殉教者」区画の中心事務所の前にも、彼の墓標が作られていた。彼が「殉教者」であるのは、パレスチナを抑圧するイスラエルと和平を結んだ抑圧者によって死に至らしめられたという論理に基づく。

　エジプト政府にとってはテロリストであるイスラームブーリーを「殉教者」というムスリムの英雄として表象することは、イランとエジプト間との外交上の不和要因であった[30]。一九九七年に発足したハータミー政権は、中東諸国との友好関係を進めるうえで一九八一年に「シャヒード・ハーレド・エスラームブーリー通り」とつけたエジプト大使館のある通りを、二〇〇四年一月に「エンテファーデ通り」へと改名した。[31] 加えて、通りの壁に描かれたイスラームブーリーの肖像を消去した。

エンテファーデ（アラビア語ではインティファーダ）とは「蜂起」という意味であり、イスラエルの「占領」に対してパレスチナ側が行った闘争を意味している。パレスチナを抑圧するイスラエルと和平を結んだ抑圧者を死に至らしめた英雄の名前から、イスラエルに対するパレスチナの民衆蜂起を意味する言葉へと、通りの名前を改名したのだ。パレスチナを支援するイランの立場を維持しつつ変更されたこの名称について、モハンマド氏はハータミー政権を批判しながら筆者にその経緯を説明した。

通りの名前が変更されることには、革命後のイランで大きな政治的な意味をもつ。イランの公共空間における通りや建築物、公園などの名称には、男性的でイデオロギー的なメッセージが込められてきた。[32]

テヘラン北部のエフテハーリー地区にある、地区の名前を冠した広場から南へと下って四番目にぶつかる通りは、シャヒード・ハミード・ラーゼギー・シェミーラーニー通りと名づけられている。その通りの名前をかつてテヘラン市役所が改称しようとしたとき、モハンマド氏は市議会に抗議のために出向き、名前が残されたということがあったという。

モハンマド氏が抗議したような、「シャヒード・何某」という名前が市当局によって消されることは近年でもある。たとえば、イラン暦一三九八年の新年を迎えて間もなく（西暦二〇一九年三月末頃）、テヘラン市第四区にある公園の名前が変更されたことが報じられていた。一九九〇年頃に建設された

「シャヒード・チャギーニー庭園」が「サングサル庭園」という名前に変更されたというのだ。〈33〉

二〇一九年七月以降、社会空間からの「殉教者」の削除には新たな手法が持ち込まれた。それは既存の「シャヒード・何某」と名付けられた場所から、「殉教者」を意味するシャヒードという名称だけを変更するというものである。たとえば、通りにそれまで「シャヒード・セイイェド・レザー・エジャーズィー通り」と掲げられていたとすると、それを単に「エジャーズィー通り」と記して新たに掲げたのである。赤い文字で書かれていたシャヒードという文字を消し去り、単なる人名が冠された通りとすることであった。

通りの名前からシャヒードという言葉が消されていったのは、テヘラン市内だけではなかった。二〇一九年九月末にはケルマーンやタブリーズ、シーラーズといった地方都市にも広がって行われた。〈34〉もちろん通り名については、革命後「シャヒード・何某」と改称されたとしても、近隣の住民が革命前からの名前を使い続けるということはしばしばあった。だが、それでも公的な意思決定を通じて、かつては通りの名前として「殉教者」の存在を社会空間に埋め込もうとしてきたという事実は変わらない。それを今度は行政自身が、「殉教者」の存在を社会空間から削除しようというのである。

筆者がテヘラン市内の壁画について尋ねたとき、モハンマド氏は、自分たちの気持ちを戦後唯一受け止めてくれたのが、二〇〇五年に誕生した「新保守派」と目されるアフマディーネジャード政権であったと述べていた。と同時に、自分たちのような存在は、今日のイランで必要とされていないのだと語った。国家を支える役割を担う彼のような存在こそが、イラン社会の中心であると自負しているものと筆者は考えていた。というのも、革命防衛隊や下部の民兵組織であるバスィージがイラン社会を支配しているという研究が近年では蓄積されていたからだ。また実際に革命防衛隊出身の政治家たちの台頭も目覚ましい。さらには市井の人々の口からも、体制批判として法学者への批判に加え、バスィージに対する批判を少なからず耳にしてきたからである。それゆえ筆者にとっては、モハンマド氏が自分たちの存在を必要とされていないと感じていたことは意外であった。

二〇一九年十二月の調査時に彼の新しい事務所で、通り名から「殉教者」という部分が消されていったことについて尋ねた。彼からは筆者の予想に反する返事が返ってきた。先述のように、彼は「殉教者」に因んだ通りの名前が変更されようとしたときに抗議した。しかし彼は、「殉教者」という言葉が通りの名前から消されていく動きについては、さして重要な問題でないと考えていた。彼が言うには、重要なのは「殉教者」という肩書ではなく、「殉教者」とされる当人の名前が残されることであった。

べヘシュテ・ザフラー共同墓地での取材を続ける理由を、歩きながらモハンマド氏に訊ねると、しばらく黙っていた彼が振り返り、大きく咳払いをした。「アーヴィーニーがこう言ったのだ。戦争は終わった、だが、闘いは続いている。これも闘いなのだよ。今日、君とこうやって訪れ、時を過ごしたことも、闘いなのだよ」と筆者に語りかけた。そういうと再び歩き出し、また筆者の方を振り返ると冗談っぽく笑いながら、「ある日は武器を持って、ある日はカメラを持って」と手に携えていたカメラのファインダーをのぞき込む仕草をして筆者に話しかけた。

アーヴィーニーとはモルテザー・アーヴィーニーのことであり、イラン・イラク戦争を題材とした作品群を作成した、革命後の最も著名なドキュメンタリー・フィルム監督である。[35] 一九四七年にテヘラン南部にある下町レイで生まれ、テヘラン大学で建築学を学びながら詩作をたしなんだ。イラン・イラク戦争に従軍しながらドキュメンタリーを作成し、一九九三年四月九日に急死した。イラン西部のフーゼスターン州でイラン・イラク戦争のかつての前線を取材中、不発地雷を踏んで亡くなったのである。彼の死も「殉教」とみなされ、彼はイラン・イラク戦争に奉仕した「殉教者」として象徴的に扱われてきた。

彼の作品では、前線のバスィージ（志願兵）の日常に焦点が当てられた。それまでの映像作品や報道では、勇敢な戦士として兵士たちが描かれた。不安や恐怖におののくこともない勇ましい戦士である。しかし彼は不安や恐怖に時におののき涙を流す兵士の姿を映し出した。[36] 戦場の兵士たちの間にあった恐怖や、彼らにとって人前で泣くことが恥ではなかったことは、第2章で扱った、戦争を回顧するモハンマド氏の説明にも現れていた通りだ。

近年でもなおイラン・イラク戦争の記録者として象徴的な立場にあるアーヴィーニーは、自分たちの姿を追いかけ、「殉教」を遂げた一種の「戦友」として、モハンマド氏のように前線に赴いた人々から敬愛を受けてきた。モハンマド氏の場合には、アーヴィーニーがバスィージたちの日常に焦点を当て、戦後も彼らについて語り継ぐ役割を担ったということを、自身の活動と重ねている側面もあった。彼はアーヴィーニーの言葉を引用し、「殉教者」や戦争をめぐる忘却の政治に抗っていると自分自身を理解していることを筆者に示していた。

第5章　消費される「殉教文化」

「イラン・イラク戦争記念週間」に掲げられた第14回抵抗映画祭の広告（2016年9月　筆者撮影）

はじめに

イスラーム共和体制にとっての「殉教」のレトリックは、イスラーム的な色彩を纏ってきたものの、近代国民国家において国民を国家に奉仕させるための言説と同様の機能をもつ。その意味で「殉教」のレトリックは近代的な国民国家による統治上の常套手段ともいえる。

一般的に近代的な国民国家は、国民を国家に奉仕させるために、何らかの形で愛国心をもたせてきたが、文化・芸術作品のような文化的コンテンツを通じて日常生活に愛国心を埋め込むことも少なくなかった。絵画や文学作品、あるいは映画や歌といったさまざまな形をとったナショナリズムと文化の結びつきは、国民によって意識的にも無意識的にもなされてきた。それゆえイランで「殉教」のレトリックが、フサイン一行への哀悼儀礼のような伝統的な宗教的コンテンツにとどまらず、文化的コンテンツに取り込まれてきたとしても不思議はない。

革命後のイランでは、文化事業の審査・管理を行うイスラーム文化指導省がおかれるとともに、一九八〇年代初頭にはイラン版の「文化大革命」が実施され、イスラーム文化の称揚と西洋文化への批判がなされた。一九九〇年代以降も、しばしば「西洋の文化的侵略」という定型句が用いられ、西洋由来の文化的コンテンツに対する制限が加えられてきた。革命後のイランは、名目上は西洋文化・芸術作品の流入を防ぐことを政策として掲げてきたのである。翻ってみれば、常に西洋由来の文化・芸術作品はイランに流入してきたということであるが、それに対抗するイデオロギー的な文化的コンテンツはどのようなものだったのだろうか。

ここでは、「殉教」のレトリックを取り込んだ新たな文化的コンテンツの展開について、階層分化した革命後の文化的状況の変化に触れつつ、特に娯楽化の側面について目を向けたい。

一、文化的コンテンツとしての「殉教」と消費者の多層性

十八世紀末に成立したガージャール朝の下で首都となったテヘランは、十九〜二十世紀を通じて都市の規模を拡大させていった。中心部から徐々に南北に、やがては東西方向に進められた都市計画によって時代的な背景を反映しながら街区は拡大し、二二の行政区からなる大都市に成長した[1]。その大都市には八〇〇万人を超える人々が暮らし、さらに周辺の衛星都市に四〇〇万人を超える人々が暮らしてきた[2]。

テヘランは、イラン北部を東西に横断するアルボルズ山脈の扇状地にあり、都市開発の結果、北部は標高一八〇〇メートル、南部は標高九〇〇メートルと南北に大きな高低差のある都市として成長していった。市の北部には富裕層が暮らす地区が拡がり、革命以前に米国大使館員・駐在員が多く暮らしていた中西部のシャフラケ・ガルブと呼ばれる地区には、車両でしかアクセスできない高級住宅街が形成された。これらの地域と、南の周縁や郊外の低所得層が暮らす地域は隔てられていた。社会経

済的な地位は地理的に、南北、東西によって可視化されてきた。
ところが二〇〇〇年代以降、衛星都市の開発や市内の開発が急激に進むことで、従来からの地区住民と新規移住者が隣り合わせて住み、異なる階層が入り混じった地区も生まれた。モハンマド氏が勤めた博物館がある地区は、二〇〇〇年代初頭でもテヘラン市内では自然がまだ多く残された地区であった。ところが、二〇〇〇年代後半には周辺地区に開発の波が押し寄せ、高層のアパートメントが立ち並ぶようになった。近隣の街区ほどではないものの、博物館のある地区も開発により新たな住人が暮らすようになっていった。

革命後の消費文化は、階層ごとに分断されてきた。それは特に若年者層において顕著であり、リベラルで西洋志向の富裕層と、被抑圧者として救済される体制支持の貧困層という形で一九九〇年代には「定式化」されていた。また都市の若者たちの余暇については、体制への「抵抗」の側面が強調されてきた。男女がひそかに同じ部屋に集まり、大音量で音楽をかけて踊り、アルコール飲料を交えたパーティーに興じる姿は、革命後のリベラルな家庭に育った富裕層の若者の余暇の典型例であった〈3〉。男女が座を同じくすること、アルコール飲料を摂取すること、踊るための音楽を聴くことは、いずれもイスラーム法の解釈に基づき禁止されている規範に抗うことを意味している。

こうした体制への「対抗文化」だけが、革命後の若者の余暇を作りあげてきたわけではない。むしろ体制が要請する「イスラーム的」であることを逆手に取り、規範的でありながらも欲求を満たす余暇の過ごし方が模索されてきた。イスラーム法学者は余暇の「楽しみ」や「慶び」を批判してきたが、イスラームの実践そのものにもそれらは含まれているという矛盾は常に存在してきた。このため、体制によって許容された余暇の宗教的コンテンツは、時に高位のイスラーム法学者の見解と齟齬を生みながらも展開してきた。そのため革命後の新たな世代の宗教的主体性を、宗教と余暇との結びつきによって説明する研究者が一九九〇年代後半から徐々に現れ始めた。[4] なかでも文化人類学者ロクサーナ・ヴァルズィーは、余暇の過ごし方と「殉教文化」を考えるうえで重要な研究を行った。

彼女は、一九九〇年代から二〇〇〇年代前半のテヘランで都市高学歴者層の若者を対象としたフィールド調査をもとにした民族誌と民族誌映画を作成した。[5] 都市の高学歴の若者は、現体制が推奨する宗教的な価値とは無関係な存在と考えられてきた。ところが、体制によって生み出されたモラルをめぐる規範と権力関係を引き受けつつ、その要請を組み替えることで、自身の欲求を実現する実践が現れた。同時に、体制が生み出した「殉教文化」を、イスラーム神秘主義[6]の「テクスト」として消費する実践があることを彼女は描き出した。若者たちが霊性を探求する個人化された宗教実践として、イスラーム神秘主義の重大なテーマである愛と喪失を、イラン・イラク戦争の「殉教者」に見出すようになったのである。

「殉教者」をめぐる表象が、さまざまな方法で神秘主義的な表現を用いて行われてきた。たとえばイラン・イラク戦争を題材とした詩に、古典や中世の神秘主義詩における比喩が用いられることがある。[7] 神との合一を体験した神秘主義者は、神によって選ばれた存在である。それと同様に、イラン・イラク戦争という「聖なる戦い」での戦死者が、神によって選ばれた「殉教者」という特別な存在であると解釈することを、こうした詩の表現が示していた。

モハンマド氏が前線に赴く機会について、「「殉教者」に選ばれると思ったから行ったんだよ。でも、戦場に行くと。おお、神よ、テヘランに返してくださいと言うんだよ」と筆者に語ったことがあった。彼はそれを半ば冗談として、笑いながら筆者に語った。しかしこのことは、「聖なる戦い」での戦死は、神に選ばれたこととして祝福すべきことであるという語りの形式が確かに存在することを示している。

霊性を探求する若者たちにとって、イラン・イラク戦争を題材とした映像作品も「殉教者」を知る「テクスト」の一つだった。[8] なかでも前章で述べた神秘的に戦争を描いたアーヴィーニーの作品は、二〇一〇年以降にはＤＶＤ化されて流通してきたように根強い人気がある。[9] 彼の手法は真理（＝神）へと近づいたかのように見せながら真理を覆い隠す「照明主義者」の手法とも言われる。[10] こうした彼の神秘主義的な戦争の表象は、同時代には戦争を「聖なる戦い」に仕立てる役割を担っただけでなく、戦後、特に二〇〇〇年代前半には都市高学歴者層で神秘主義を志向し、霊性を探求する若者たちからの支持を集めた。[11] しかし「殉教者」を神秘主義的に表象すれば、どんなコンテンツでも良いわけではない。

キャマール・タブリーズィーの映画『ライラは我とともにあり』（一九九五年製作）のように、ユーモアや笑いを交えた「殉教」表象は批判を招いた。[12] ロクサーナー・ヴァルズィーも、同作について非常に驚きをもつとともに、当時国際的に広めようとしたファーラービー映画財団[13]の国際部の態度に対して、国外に輸出することで戦争を嘲笑しているという誤解を与えかねない危険性を感じたと批判的に記している。[14] しかし同作は単なるコメディではなく、ペルシア語の古典的な悲恋物語『ライラとマジュヌーン』[15] にならいながら、戦争を取り巻く生と死と恐怖の実態と、戦争のなかで展開してきた「殉教」や信仰といった宗教的な解釈体系を扱っていた。

タブリーズィー監督はのちに同作の主人公役の俳優を再び起用し、『とかげ（マールムーラク）』（二〇〇四年製作）という、偽イスラーム法学者を主人公にした作品を製作した。同作はイラン国内で上映を開始した後に、すぐに公開許可が取り消された問題作となった。[16] 彼は同作で、人々の生活に寄り添うことで慕われている偽イスラーム法学者を描いた。それは革命後に権力をもつことで忌避されるようになったイスラーム法学者に対する揶揄を意味していただけでなく、イランの人々の日常にある素朴な理想のイスラーム法学者像を表現したものであった。

彼が映像を通じて表現しようとしてきたことは、イラン・イラク戦争の「殉教者」であれイスラーム法学者であれ、日常のなかでそうした存在を受け入れざるを得なくなったイランの一般の人々の戸惑いや尊敬といった複雑な感情である。しかし神秘的に描かれた死を支持する者にとって、ユーモアはナンセンスだった。「殉教者」とは神秘的で「聖なる」存在であるべきだからだ。

モハンマド氏の同僚であったホセイン氏が、地域の「戦友グループ」の集会に顔を出し、また戦争関連の書籍を渉猟することで、筆者どころか戦争を経験した当事者よりも戦争についてよく知っていたことは既に述べた通りだ。戦没者遺族への取材に筆者が同行したあとに、彼は筆者に遺族の返答について弁明したことがあった。公の場で話をする際に、当人の教養がその話し方に表れることがある。その遺族の口調は、筆者でもわかるような粗野で地方出身とわかる話し方であった。

筆者にとっては気に留めることではなかったが、彼はそれを恥と感じたようだった。彼は筆者に、革命前にあまり教育が受けられなかったことがその原因なのだと説明した。彼が語る戦争とは、戦中・戦後のイラン国家が表象する「美しい」戦争であり、美化された英雄たちの物語であった。それは国家が推奨する戦争理解であり、戦没者理解であった。彼にとっては戦没者の遺族もまた名誉ある存在だからこそ、そのように説明したのである。

神秘的で「聖なる」存在としての「殉教者」への精神的・知的アプローチは、イラン社会において一般化できるわけではなく、あくまで現体制を積極的に支持する特定の人々に限られている。「殉教文化」が革命後の若者の文化となるには、より娯楽性の高い文化的コンテンツとなる必要がある。そこで着目したいのが文化人類学者ナルゲス・バージョグリーによる研究である。

彼女は体制派メディア関係者を対象とした調査に基づいて「保守派」内の世代間の差異について著した。彼女によれば、体制派による新たなメディア戦略として、アンダーグラウンドで活躍していたラッパーが採用され、ナショナリズムを高揚させる音楽コンテンツが生み出されてきた〔17〕。

ポピュラー音楽とナショナリズムが結びつくことは、世界的に見て珍しいことではない。しかしイランに関して言えば、ポピュラー音楽は現体制下においてしばしば物議を醸してきた文化的コンテンツである。と同時に、ある形式のポピュラー音楽を聴くということが、暗黙のうちに政治的な姿勢を示すことにもなり、文化的消費をめぐる階層差を如実に示すものでもあった。それゆえバージョグリーの指摘は、ポピュラー音楽を軸とした階層間の差異について再考を促す指摘であると言える。

ポピュラー音楽を聴くことがなぜ政治的な姿勢を示すことになり、またそれがどのように変容してきたのかについては補足が必要であろう。そこで革命後のイランにおけるポピュラー音楽の社会的な位置づけについて整理しつつ、ナショナリズムとポピュラー音楽との結びつきについてみていきたい。

二、「殉教文化」とポピュラー音楽の「大衆化」

(1)「抵抗の文化」から体制容認の歴史

革命後、映画を含め文化的創作物の公共空間での流通・展示をめぐって、それぞれの文化的コンテンツは「イスラーム的」に問題がないか検閲を受けることが必要になった。[18] ポピュラー音楽の場合は、イラン・イスラーム共和国国営放送局、イスラーム文化指導省、イスラーム布教機構といった複数の機関が楽曲の流通・配信やコンサートの開催などを含むアーティストへの規制と支援を行い、さらには「監督」という名目で検閲が行われてきた。[19]

革命直後には、特定の音楽が反イスラーム的とされただけでなく、音楽を奏でるための楽器の規制も行われた。[20] 例外として、「愛国歌」や「革命歌」など団結を図るための音楽や、チャーヴーシュ文化芸術協会に所属する演者による楽器の演奏を伴った「詩の朗誦」などは許容された。一九八〇年代末期になると、最高指導者であるホメイニー師の法学見解により楽器の売買が再び解禁されるなど、音楽への規制が緩和された。ホメイニー師は新聞のインタビューで、ラジオやテレビでの音楽放送に関する質問に対し、「くだらない音楽」は禁止であるが、問いの余地のある「声」であれば禁じられていないとの見解を示した。また「伝統音楽」・「古典音楽」に関しては、ハーメネイー最高指導者のもとで西洋の文化的侵出に対抗する「良き芸術」として徐々に許容されていった。

ホメイニー師も含め、学問的にギリシア哲学の影響を強く受けたイスラーム法学者たちは、音楽を人間の感性に作用するものと捉えていた[21]。つまり良い音楽は人間に良い作用をもたらし、悪しき音楽は人間に悪い作用をもたらすというものである。プラトンの『国家』において、西洋近代における表現の自由という観点から物議を醸す箇所の一つが、「音楽（ムーシーケ）」と人間の徳との関係に基づき、国家が音楽を管理するように提案した点である。イランの国家が検閲制度を実施した理由はまさにプラトンと同じであった。

革命後から一九九〇年代前半を通じて、西洋文化に由来するロックやダンスミュージックなどのポピュラー音楽は明確に禁止されていた。しかし非合法に主に国外で作成された「外来のイラン音楽[22]」や西洋音楽がひそかに流通し続けた。ポピュラー音楽を所持し、聴くことは、体制が示す価値に「抵抗」することを意味していた。こうしたイランのポピュラー音楽をめぐる状況は、イスラーム共和体制に対する「抵抗の文化」の象徴として研究者たちの関心を集めてきた。

一九九〇年代後半になると、体制が許容するポピュラー音楽も誕生していった。その背景には、

「改革派」のモハンマド・ハータミーが大統領に就任し、彼に任命されたアターオッラー・モハージェラーニーがイスラーム文化指導相として規制緩和を進めたことがあった。その結果、歌詞や伴奏する楽器によっては許容される「新しいポップ」が出現し、それに伴い国外で作成された「外来のイラン音楽」は国内市場から徐々に退潮していった。さらに二〇〇一年にポピュラー歌手アリーレザー・アッサールが国内コンサートの開催を許可されると、イランのポピュラー音楽に新たな兆しが見られるようになった。

国家による音楽をめぐる規制の緩和とともに、古典音楽を除く現体制に許可された現代風の音楽はすべて「ポップ」と総称されるようになった。[23]とはいえ、一九九〇年代や二〇〇〇年代初頭の「ポップ」は、古典音楽にルーツをもちながら現代風に変化を遂げてきた革命前の歌謡曲のような曲調が中心であり、ロックなどの西洋由来の音楽の許可は極めて限定的であった。

二〇〇五年に「新保守派」と目されるアフマディーネジャードが大統領に当選すると、政治的な党派争いを背景に一時は音楽界に不穏な空気が流れた。文化政策の指針となる文化革命最高評議会にアフマディーネジャードが外部評議員として加わり、さらには人事権によって政府各機関の「改革派」志向の官僚を刷新したためである。

バフマン・ゴバーディー監督の『ペルシア猫を誰も知らない』（二〇〇九年制作）は、まさに同時代のイランの地下音楽シーンを舞台に描いた作品である。フィクションでありながらも、実際に活動する音楽家たちが登場するこの作品を通じて、映画の鑑賞者は、イランでは今もなおポピュラー音楽は非合法なのだと理解するだろう。こうしたイランの音楽状況に関する認識は、欧米社会で広まっている。たとえば、イスラーム体制下では特定の音楽ジャンルが規制されていると考えられており、ラップなどの西洋にルーツをもつ「抵抗音楽」は公には禁止されているという報道が近年でも見受けられる。

しかしそうした理解は、イランのポピュラー音楽に対する時代遅れでバイアスがかかったものとなりつつある。[24]というのも、「ポップ」に含まれる楽曲の形式は、ロックやラップなど徐々に幅を広げ、体制によって許容されるものと不許可のものの間に大きな差はなくなってきたからだ。

政府による規制によって活動が困難であることは間違いない。たとえば民族音楽学者ラーダーン・ヌーシーンは、二〇〇〇年代半ばにイランのロックをめぐる状況について、音楽への規制の存在がロックをアンダーグラウンドなものとするとともに、国外で活動することを望む音楽家たちを生みだしてきたと指摘する。[25]しかし、必ずしも国内の規制から逃れるため国外に向かうとは言い切れず、なかにはグローバルに音楽家として活動することを目的としている者も少なくない。[26]それよりも重要なのは、こうしたロックなどのポピュラー音楽のコンサート許可が、アフマディーネジャード政権期以降も規制を受けつつも続いてきたことである。[27]「新保守派」と伝統的な「保守派」とを峻別する一つの点は、前者のイスラーム的規範の軽視である。新保守派は、形式的には規制を強化する姿勢を見せたものの、ポピュラー音楽への態度は意外にも柔軟なものであった。

若年層での余暇の過ごし方として、ポピュラー音楽を聴くことはもはや一般的である。[28]イランの人々がポピュラー音楽を「抵抗の文化」として利用しているというのは、今やあまりにも不自然な捉え方である。むしろ近年ではナショナリズムを高揚させるポピュラー音楽文化は、バージョグリーが扱った事例以上に盛んになってきた。なかでも「聖域の防衛者」に捧げられた「愛国歌」の量産は、ナショナリズムと結びついたポピュラー音楽の新たな展開を示唆するとともに、ポピュラー音楽における新たな分岐点を形成してきた。

(2) 消費される「殉教文化」

二〇一六年頃から「聖域防衛」を題材とした音楽が続々とウェブ上にリリースされ、いずれもオンラインでの試聴だけでなく、楽曲のダウンロードも無料でできるようになった。それらのウェブサイトは、政府系のドメインが割り当てられており、コンテンツの内容が政府公認であることを意味していた。[29]

聖域防衛を題材とした音楽のなかでタイトルに多く用いられているのは、『聖域の防衛者』[30]である。他にもモジュタバー・レザーイーの『聖域の塞』、ハミード・サマーヴァートの『聖域のチューリップ』、ハーメド・ルーズベの『聖域の殉教者』、アリー・アサディーの『聖域の兵隊』のようなヴァリエーションもある。

聖域防衛をタイトルに掲げているだけに、それらの楽曲は詩の中でも「聖域（ハラム）」を防衛することや「聖域」の信仰における重要性を説いている。ただし「聖域」が具体的にどこを指すのかについては、ある程度の幅がある。多くの念頭に置かれているのは、シリアのサイイダ・ザイナブ廟である。たとえば、イラン歌謡界の大御所の一人であるアリーレザー・エフテハーリーが二〇一六年に発表した『聖域の防衛者たち』の歌詞にはザイナブへの忠誠と自己犠牲、そしてそれこそがシーア派のアイデンティティであることが表現されている。〈31〉それゆえ、ここでの聖域が、第一義的にはザイナブ廟を指していることに疑いはない。しかし別の箇所では「前線はシリアとイラクの三方面で開かれた」とも表現されており、ザイナブ廟だけでなく、イラクのアリー廟やフサイン廟なども歌詞が指す聖域に含まれていることがわかる。

エフテハーリーの歌詞における聖域が多義的なのは、革命防衛隊の軍事作戦を反映しているためでもある。前述したようにシリアのアサド政権側として革命防衛隊が参戦しただけでなく、「イスラム国」がシリアから溢れ、イラク北部から徐々にイラク南部のシーア派の廟都市へと迫ると、これに対抗するためイラクでも革命防衛隊の活動を展開した。

『聖域の防衛者』を唄う曲はいずれも「ポップ」の範疇に入るが、曲の形式は多様であるとともに、「ポップ」を唄うアーティストの知名度の幅も非常に大きい。エフテハーリーは、体制が許容してきた歌手のなかでも「王道」を行く、大物歌謡歌手である。

一九五八年にイラン中部の都市エスファハーンに生まれた彼は、十二歳のときから地域の著名な伝統歌手に弟子入りして伝統的なペルシア音楽の歌唱法を学んだ。またネイと呼ばれる葦笛についてもその道の師に弟子入りし、免状をもらうに至った。誰に学んだかにも重きが置かれるイラン伝統音楽の世界でキャリアを重ね、エフテハーリーは一九八三年に最初のアルバムを作成した。未だ戦争中であり、音楽に対する批判も少なくないなかで許容された彼の音楽は、テレビでも放映された。やがて彼は古典音楽をバックボーンとしながら歌謡曲のジャンルへと進んでいった〔32〕。

彼に比して、聖域防衛を唄うラップやロック、また歌謡曲の歌手たちの多くは無名である。「愛国歌」を除けば、代表曲という曲がない歌手も少なくない。「愛国歌」を歌うということは、いわば政府公認の「ポップ」歌手への登竜門となりつつある。こうした「ポップ」歌手のなかでアイドル的存在として現れたのがハーメド・ザマーニーである。

彼は一九八八年にエフテハーリーと同じくエスファハーンに生まれた。十七歳から創作活動を始めていた彼は二〇一二年ごろから政府関係の芸術祭に出演し、評価されるようになった。当時は、イラン風の歌謡曲という曲調であったが、二〇一三年に発表した『アメリカをぶっつぶせ』あたりから曲調がギターや電子音源を使った現代風のものへと大きく変わっていった。これ以降、徐々に曲調がポピュラー音楽化していき、翌年にリリースされた『あなたの御前に参りました』や二〇一六年に発表された『盾』は、重低音のギターを響かせたロック調でギターソロまであるような曲になっていた。筆者は講義でザマーニーの曲を紹介したことがあるが、歌詞の内容がわからなければ、ポピュラー音楽として違和感なく聴くことができるという学生が少なくなかった。

楽曲に加え、プロモーションビデオも作品として手が込んだものになっていった。『あなたの御前に参りました』は、捕虜として「敵」に捕まえられ拷問にあうザマーニーを、革命防衛隊の特殊部隊が救出するという内容であり、『盾』ではザマーニーが司令官として革命防衛隊の部隊を鼓舞し、「敵」を掃討するというドラマ仕立てになっている。曲の歌詞はイランのプロパガンダそのものであるとともに、国家の礼賛と愛国心を高揚させる内容である。

たとえば楽曲『あなたの御前に参りました』の歌詞では、シーア派信徒にとっての聖域の重要性がナームース（名誉／純潔）という表現を用いて説かれている。一見したところ普通の宗教歌のように思われるが、聖域が係争地であり、イラン・イスラーム共和国の敵は不信仰者であり、聖域への信仰と熱意が敵を打ち負かすと歌われる。さらには信仰者であれば、誰でも敵との戦いの責任を負うのだと説かれる。つまり革命防衛隊が周辺国で戦闘に参加する正当性を説いているのだ。

ザマーニーはこの曲を、二〇一四年六月二十四日にテヘラン市のエマーム・ホセイン広場で開催された「あなたの御前に参りました」という大集会で披露した。[33] 集会にはイラクやシリアの聖域防衛の戦没者遺族や熱烈な体制支持者が参加し、参加者はさまざまな年齢層からなっていた。

ギターの重低音を響かせたこの曲をステージで歌ったザマーニーは、黒いTシャツの上にジャケットを羽織って登場した。それは国内のアンダーグラウンドのアーティストのステージ衣装とも大差はなかった。違いは、Tシャツに体制のスローガンの一つを英訳した「Down with USA」と書かれていたことと、額に巻かれた赤い鉢巻であった。鉢巻には「イマームよ、あなたの御前に参りました」と書かれていた。それはムハッラム月のフサイン一行への哀悼儀礼の際に使われるものであり、イラン・イラク戦争に参加したバスィージ（志願兵）たちが巻いていたものでもあった。

社会的に許容される「ポップ」は、ますます形式的な幅を広げ、アーティストと聴衆それぞれの需要に応えてきた。それは「殉教者」や「聖域の防衛」を含めた国家のプロパガンダが、余暇や娯楽の領域を通じて市民の日常生活に容易に浸透するということでもある。もはや「殉教文化」に触れることは、一九九〇年代後半における都市高学歴層の若者の霊性の探求のような、限られた階層の余暇ではなくなった。市民が「殉教文化」に触れることとは、文字通りの楽しみとなったのだ。

二〇一〇年代になり、国家のプロパガンダが娯楽性と結びついたのは、「ポップ」だけではない。殉教者を展示対象に含んだ博物館の一部も娯楽性を兼ね備えるようになった。

三、娯楽を埋め込む戦争博物館

テヘラン市中北部に、二〇一七年に殉教者も展示対象に含んだ「イスラーム革命・聖地防衛博物館」が開館した(図12参照)。殉教者博物館の運営は殉教者財団によって担われていた。対して、この博物館の場合には殉教者財団は運営者の一部に過ぎず、一三人からなる理事会メンバーは、テヘラン市幹部に加え、軍の高官や殉教者関連の別の財団幹部が中心となっている[34]。理事会の面々の肩書きだけをとっても、この博物館がもつ国家のプロパガンダ装置としての側面や軍の思惑が、従来の殉教者博物館以上に強いということがわかる。

博物館は二〇一一年に建設されたイスラーム革命・聖地防衛博物館庭園に設置されており、約二平

図12　イスラーム革命・聖地防衛博物館（2017年12月　筆者撮影）

方キロメートルある庭園敷地内の多くは、屋外展示場として利用されている。博物館が開館する以前から、博物館が設置された公園には戦闘機やヘリコプター、戦車に装甲車に救急車両、さらには哨戒艇といったように陸海空すべてを網羅した軍用の航空機・車両・船舶が展示されてきた。加えて、榴弾砲などのいわゆる「大砲」やミサイルも展示されている。こうした屋外展示は、テヘランのみならずイラン各地に近年建設されている「聖地防衛博物館庭園」にも共通している（図13参照）。

博物館の展示方法も、前章でみた殉教者博物館とは大きく異なる。入口を進むと、まず著名なイラン・イラク戦争の戦没者を中心とした「殉教者」たちの蠟人形が迎える。何十体もある蠟人形の完成度もそれぞれに高い。左右の蠟人形の間を進み、「殉教者」たちの遺品が壁面のディスプレイに陳列されているのを横目に、今度はデジタル

図 13　エスファハーン市に建設中の「聖地防衛博物館」敷地内の屋外展示（2019 年 12 月筆者撮影）

パネルに3D化されて映し出された、著名な「殉教者」たちに出会う。テヘラン市中心部の博物館を含めた従来の殉教者博物館の展示に比べて、この3D技術だけでも展示の技術的な高さがわかるが、遺品のディスプレイのされ方もずいぶんと異なる。「殉教者」ごとに、一点一点まとまりをもって白を基調としたフロアに整然と美しく並べられている。イラン・イラク戦争の戦没者の遺品が中心であるが、シリアやイラクで近年没した兵士の遺品もその間に紛れ込み、同じ「殉教者」という位相で展示される。

殉教者博物館の展示は、雑多であり、メッセージ性やストーリー性を読み込むことは難しかった。それに対して聖地防衛博物館庭園の場合には、展示が発するメッセージやストーリー性を読み込むこともたやすい。展示はイラン・イスラーム共和国の「正史」を語り、国家の国際的な大義と正当性を観覧者に訴えかける。

展示を通じた「正史」は、現代イランの「抵抗」の歴史を語るところから始まる。イランの地図が映し出された壁に沿った回廊には、サッタール・ハーンやファズロッラー・ヌーリーといった、二十世紀初頭のイラン立憲革命における「抵抗」の英雄たちの肖像が描かれる。順路を進むと一面にホメイニー師の肖像が描かれた部屋に出る。革命の始まりからイラン・イラク戦争の停戦決議である安保理決議五九八号の停戦に至るまでの歴史について語る展示となっていた。白い壁にはイラン暦で年号が刻まれ、壁に埋め込まれたモニターにはその当時の政治事件の映像や資料が再生されていた。

展示の順路は時系列になっている。そこで描かれる革命の始まりは、ホメイニー師がゴム市で国王を公然と批判した一九六三年の「ホルダード月十五日」の運動であった。イラン暦の一三五七年、つまり西暦一九七八年から七九年になると、月単位で細かく解説が加えられるようになる。反対側の壁には、時系列に対応するかのようにホメイニー師の帰国、アメリカ大使館占拠事件を描いたアート作品が描かれていた。

次のセクションに進むと、そこにはサッダーム・フセインが待ち構えていた。イラン・イラク戦争についての展示の始まりを意味していた。戦闘で荒れた当時の様子として、戦闘に巻き込まれたホッラムシャフルをイメージした住居、学校、石油プラントなどが再現されていた（図14参照）。そこには空襲体験のコーナーまで用意されている。そして国内難民の存在にふれ、反対の壁に安保理決議五九八号の全文が刻まれ、現代イラン史を語るセクションは終了する。しかしイラン・イラク戦争につい

図 14　戦争時のホッラムシャフルの再現展示（2017 年 12 月　筆者撮影）

ての展示は、ここで終了するわけではなく、むしろここからが本番である。

次のセクションの始まりには、演説するホメイニー師の写真が飾られていた。ここからイラン・イラク戦争の戦没者たちの展示が始まる。通路にはデジタル・パネルに等身大で映し出された老若男女の戦没者が待ち構え、戦争の犠牲者の多様性が語られるコーナーに出くわすことになる。キリスト教徒、ユダヤ教徒、ゾロアスター教徒の戦没者が取りあげられ、パネルには戦争における宗教的マイノリティの役割について説明がなされる（図15参照）。続いてイスラーム法学者、女性の戦没者についてもそれぞれに説明がなされる。それはイラン・イラク戦争が、宗教やジェンダー、職業に関わりなくなされた総力戦であるということを示している。

戦没者の多様性が語られるコーナーを通り過ぎ、さらに細かなイラン・イラク戦争の過程が壁に刻ま

図 15　宗教的マイノリティの「殉教者」の展示（2017 年 12 月 筆者撮影）

れた通路を通る。そこから進めば、趣が変わり、湿地帯や水場といった主に南部戦線を再現したコーナーになる。白い霧が噴出するエアカーテンにプロジェクションマッピングが施されるなど、展示の工夫が目をひく。地雷原が再現され、地雷をかたどったアート作品が壁に埋め込まれていた。ここで一旦戦争とは関係なく、戦争と同じ時期に起こっていた国内の反体制派による爆破事件による死者の展示が挟み込まれていた。イラン・イラク戦争と国内のテロによる死者という二つの存在が「殉教者」として同じ次元で扱われていることを示すかのように、「殉教者」の名前が冠された通りの標識が壁面にアートとして飾られた通路に出る。戦没者もテロの死者も、同じように「シャヒード・何某」として通りの名前になっている。再びイラン・イラク戦争に話題が戻り、時に天井まで使いながら戦争をテーマとしたアート作品が張り巡らされた通路を進むことになる。

図16　核開発に関する展示区画（2017年12月 筆者撮影）

通路を進み、霊廟をかたどった部屋を抜けると、別棟へとたどり着く。そこには戦争で捕虜になった兵士たちについて扱った展示コーナーがあった。またイラクを率いたサッダーム・フセインがいかにサウジアラビアやアメリカと親密であったのかが、抽象的なアートとして語られる。それを過ぎると停戦の物語へと再び戻り、停戦の喜びと戻らぬ悲劇について示される。

戦争について、その犠牲者や被害について語られてきたところで展示が終了するわけではない。ここから一気に国家プロパガンダが露見していく。革命後、ホメイニー師の多くの演説で用いられた部屋を再現したコーナー横を通り、ハーメネイー師の肖像が現れた先が、展示の終着点である。しかし終着点の前にもう一つ展示コーナーがあった。それはイランの核開発の正当性を主張するコーナーである。核の平和利用がどのような効用をもたらすのか、医療・研究目的で利用することで、どのような技術的展開が期待できるかが示されていた（図16参照）[35]。

こうした展示場を出るとミュージアムショップが併設されていた。イラン・イラク戦争や戦没者を中心とする「殉教者」に関連した書籍が販売されている他、子供向けに戦争を語る絵本、そして一般の子供用玩具類が売られていた。博物館施設が、子供に魅力あるように設計されていることは展示からも読み取れた。先述のホッラムシャフルを再現したコーナーには、破壊された学校の他、泥にまみれた子供たちの玩具が展示されていた。こうした子供に向けた取り組みは、展示場の外にもあった。敷地内には、ワイヤーを滑車で滑り降りるイラン最長のジップラインや、カラシニコフ銃のモデルガンを操作機とした戦争シミュレーションコーナーが設置されていた。さらにはイラクへの本格的な逆侵攻作戦である「ヴァルファジュル一号作戦」を追体験するために、屋外に前線を模したフィールドまで設計されていた。

展示方法の工夫やストーリー性の明示、さらには子供に向けた「遊び」などを踏まえれば、「イスラーム革命・聖地防衛博物館」は、テーマパークと比しても遜色はない。殉教者博物館は、戦場からそのまま遺品を持ってきたような、寒々しく、暗い雰囲気を漂わせる施設であった。それに対して、「イスラーム革命・聖地防衛博物館」は、施設そのものが「楽しさ」を提供する方向に大きく舵を切った戦争博物館なのである。

戦争や「殉教者」は余暇の娯楽コンテンツとなり、市民の生活のなかに溶け込んできた。かつて革命後の国家による文化芸術の規制によって生み出された階層間の分断は、文化的コンテンツの形式的な多様性によって表面的には捉えにくくなってきた。しかし実際には、コンテンツの拡大によって分断が解消されたわけではない。それはまた、体制支持層内に形式的な差異を生みだすことでもあり、体制支持層内の「保守派」と「新保守派」といった差異だけでなく、「軍」のなかの差異の存在という潜在的な緊張関係をも示唆している。

第6章　情動の政治と修復する未来

テヘラン市エマーム・ホセイン広場で開催されたシャイフ・ニムル師追悼抗議集会の様子（2016年1月　筆者撮影）

はじめに

モハンマド氏は革命とイラン・イラク戦争という大きな時代の変化を少年期から中年期に経験した世代であり、戦後は殉教者財団に勤めてきた。彼の政治的立場は、一般的には保守強硬派、あるいは「革命原理派」に分類できる。彼は「保守派」内にあって「改革派」にも柔軟な穏健派であるロウハーニー政権に否定的で、大統領やザリーフ外相ら海外で学位をとった政治家を「イギリス人の子」や「アメリカ人の子」と罵っていた。他方、「新保守派」のアフマディーネジャード大統領については、自分たちの声を拾い上げてくれた大統領と評価していた。

二〇二〇年二月に行われた議会選挙においても保守強硬派が大勢を占め、多数の「軍」関係候補が当選したように、近年のイラン政治において「軍」は支配的な勢力として安定的地位を築きつつあるようにみえる。それゆえ筆者は、彼が有力な政治集団に与していると理解していた。しかしモハンマド氏は自らが属する集団を、もはやイラン社会にとって必要とされていない存在として語っていた。典型的な体制の支持者であり、「軍」の一員と思える彼が、社会に必要とされていないと感じていたのは筆者にとって予想外であった。

モハンマド氏による「孤独感」は、「軍」内部の関係も含め国家を支える集団が一枚岩でないということ、あるいは「軍」内部の分断的状況を示唆しているともいえる。では、「軍」内部の分断的状況は彼の行動にどのように作用してきたのだろうか。反対に、モハンマド氏らのような勢力は、国家をどのような動機によって支えようとするのだろうか。ここでは後者について、二つの事件から検討し、ついで前者について検討を加えていきたい。

一、二つの抗議運動にのめりこむ

(1) シャイフ・ニムル師処刑への抗議運動

二〇一六年一月に筆者がC地区の殉教者博物館に着くと、モハンマド氏は今まさに出かけるところであった。筆者は行き先を尋ねる間もなく、「ついて来い」と言われ、その言葉に従った。エスマーイール氏もついていくようで、早く来るようにと彼を急かした。車に乗り込み、近隣の通りで娘のザフラーを乗せた。モハンマド氏は同じくバスィージ（志願兵）として出征していた戦友の娘と戦後に結婚し、二人の娘を授かった。彼の妻はモハンマド氏の「殉教者」をめぐる活動にはそれほど関心がなく、家族のなかでザフラーだけが彼に理解を示していた。十代後半の彼女は、体制が掲げるイスラーム的規範に模範的に従う「優等生」であり、革命後の女性の正装である黒いチャードルを身に纏っていた。男女が座を同じくしないという規範にも従い、モハンマド氏は助手席に座っていたエスマーイール氏を後部座席に座らせ、代わりに彼女を助手席に乗せると、目的地に向け急いで走りだした。

筆者が後部座席から目的地を尋ねると、モハンマド氏はエマーム・ホセイン広場に行くと答えた。

サウジアラビア当局によって処刑されたシャイフ・ニムル（ペルシア語ではシェイフ・ネムル）師を追悼する抗議集会が行われるのだという。筆者がモハンマド氏に抗議集会について尋ねると、彼は「四一五人も殺害されたのだよ。単にシェイフ・ネムルだけではない。六〇人近くが処刑されたのだよ。神よ、彼らを呪い給え！」と興奮した様子で答えた。

カーラジオから流れるクルアーンのターハー章を聞きながら、エマーム・ホセイン広場の近くに到着した。モハンマド氏は会場入口に置いてあった抗議用のシャイフ・ニムル氏の写真をあしらったプラカードを片手にとると、それを掲げながら集団のなかに入っていった。会場となったエマーム・ホセイン広場には、大勢の人が詰めかけていた。男性たちの服装はさまざまであったが、多くは髭をある程度の長さにのばし、女性たちは、モハンマド氏の娘と同様に黒いチャードルを身に纏っていた。体制派の集会であることは、目に見えて明らかだった。

参加者たちは、抗議のメッセージが書かれたプラカードを手にする者もいれば、抗議のために赤い旗を持つ者もいた。なかには「神よ、イスラエルを呪い給え」と印刷された画用紙を持つ者もいた。娘のザフラーは左手に洒落たハンドバッグを持ちながら、もう片手には持参した赤い旗を持って立っていた。遠くに見える会場の正面では、シャイフ・ニムル師の功績を讃え、彼を殺害したサウジアラビア当局を批判する演説が行われていた。

モハンマド氏は会場の様子を取材しているようで、プラカードを片手にカメラのシャッターを切ってまわった。会場にはテレビ局の取材も来ており、アナウンサーが現場レポートを行っていた。その上を、会場上空から撮影するドローンが飛んでいた。やがて演説も終わり、ニムル師を追悼するべくシーア派の指導者の受難を朗誦する「哀悼語り（ロウゼハーン）」が行われた。やがて抗議集会も終わりにさしかかり、「哀悼語り」に続いて、サウジアラビアの為政者、つまりサウード家への批判が始まった。

演説者による「イスラエルをぶっつぶせ!!」の呼びかけに会場が応答し、続いて「裏切り者のサウード家をぶっつぶせ!!」というシュプレヒコールがこだました。参加者は片手に拳をつくり、「裏切り者のサウード家をぶっつぶせ!!」と一斉に拳を突き出しながら応えた。娘のザフラーも左腕にバッグを通して、旗を左手に持ちかえ、右手で小さく拳を突き出した。モハンマド氏とエスマーイール氏は、シュプレヒコールの波のなかにたたずみ、プラカードを片手に集会の様子を見つめていた。

ニムル師は、シーア派住民が多く暮らすサウジアラビア東部のアワーミーヤのイスラーム法学者で政治活動家であった。[1] 一九五九年、同地にて法学者を多く輩出する名家に生まれ、一九八九年からテヘランにある宗教学院で一〇年学んだ後、シリアのザイナブ廟に併設する宗教学院で学んだ。サウジアラビアに帰国後、同国の体制を批判し、二〇〇三年以降数度にわたり当局によって拘束、逮捕された。政治的自由を主張しており、二〇一一年三月からサウジアラビア東部に「アラブの春」が波及して発生した、シーア派による抗議運動を非暴力の立場で支持した。その結果二〇一二年七月に逮捕され、ハンガーストライキなどを行って抗議を続けたが、裁判にかけられ、死刑判決を受けた。

二〇一六年一月二日、ニムル師を含む四七名の受刑者が「テロリスト」として処刑された。そのうち四名だけがシーア派であり、エジプト人およびチャド人を含む四三名が、アル＝カーイダ[2]の関係者として処刑された。イランでは処刑が行われた同日に、すぐさまサウジアラビア大使館の前で抗議運動が行われた。そして抗議終了後、大使館に火が放たれた。一方、サウジアラビア側も同国のイラン大使館を閉鎖するという対抗手段をとった。その翌日に開催されたのが、筆者も参加した上述の抗議集会であった。

モハンマド氏は抗議集会に急行する際に、サウジアラビアで処刑された人間が四五名、六〇名というように筆者に説明した。実際には四七名であったが、重要なのは処刑された人間の多くが、アル＝カーイダに関係した人物であったということである。

イランとアル＝カーイダは協力関係にあるという考え方もある。[3]しかしレバノンのベイルートで二〇一三年にアル＝カーイダによってイラン大使館が爆破されたことに顕著に示されるように、イランではアル＝カーイダはイランに敵対的な勢力として一般に理解されている。またソ連によるアフガニスタン侵攻の際に、後にアル＝カーイダの指導者となったビン・ラーディンが米国の支援を受けていたことから、同組織がアメリカの急先鋒であるという陰謀論すらあった。実際、モハンマド氏も筆者に「イスラム国」を非難する際に、「イスラム国」もアル＝カーイダと同じようにアメリカの手先であると説明していた。

このような理解からすれば、サウジアラビアで処刑された多くは、イランにとって敵対的なテロ勢力でしかない。それにもかかわらずモハンマド氏は筆者に、彼らをあたかもニムル師と同じ「殉教者」であるように説明を行った。それが彼にとっての「事実」であった。

（2）「一三九六年抗議運動」のなかで

ニムル師が処刑されたことに端を発する抗議集会が開かれてからちょうど二年後の二〇一八年一月、つまりイラン暦の一三九六年デイ月半ばに筆者がモハンマド氏の所を再訪すると、彼はとても疲弊した様子で、目をこすって睡魔と戦っていた。二日後が金曜日であったため、以前のようにベヘシュテ・ザフラー共同墓地での取材を行う予定かと尋ねたが、あいにくその日は別の用事があり、取材には出かけないとのことであった。用事について尋ねると、その日はガスの修理人が家に来るし、家族サービスをしなければならないとのことであった。最近は連日、日没後の礼拝を行ったあと、深夜十二時まで路上で取り締まりを行っていたために、家族と十分に過ごせていないというのだ。

当時、「一三九六年抗議運動」と呼ばれる反政府／反体制運動がイラン国内で広範に起こっていた。二〇一七年暮れの十二月二十八日にイラン北東部ホラーサーン・ラザヴィー州の州都マシュハド、ニーシャーブール、カーシュマルの三都市で、政府の経済政策批判や経済的困窮を訴えるデモが行われた。現政権から来年度の予算が提示された矢先、平均一〇％前後で推移する物価上昇、改善されない高失業率と大卒者の就職難といった経済問題に、市民の堪忍袋の緒が切れたのだ。デモの参加者たちは、「盗人が略奪している、政府は保護しろ」、「ロウハーニー[4]をぶっつぶせ」、「独裁者をぶっつぶせ」、「シリアを去れ、俺たちのことを考えろ」など、それぞれ韻を踏んだシュプレヒコールをあげた[5]。

マシュハドではデモ鎮圧のために放水車や催涙スプレーが用いられ、参加者五二人が逮捕されたものの、国内メディアではそれほど大きく取り上げられることはなく、検事当局もデモを行う権利を擁護する姿勢をみせた。〈6〉また大統領支持派からは、二〇一七年の大統領選挙でロウハーニー大統領と争って敗れ、当時マシュハドにある第八代シーア派指導者の廟の管理委員長であったエブラーヒーム・ライースィーによる陰謀論まで囁かれた。〈7〉この時点ではイラン北東部の局地的な現象にとどまっていたが、翌日にはイラン各地の地方都市でデモが広がった。

Twitterやテレグラム、〈8〉インスタグラムなどソーシャルメディアを通じてデモの映像が拡散されるとともに、デモへの参加が呼びかけられた。三十日にはさらに広がりをみせ、地方の小都市に及んだ他、首都テヘランでもエンゲラーブ通りに面したテヘラン大学正門周辺でデモが行われた。〈9〉事態は、二〇〇九年の第一〇期イラン大統領選挙から派生し、体制の支配に少なからず揺さぶりを与えた「緑の運動」の再来にも思われた。この動きはレディオ・ファルダーやヴォイス・オブ・アメリカといった国外のペルシア語メディアだけでなく、欧米各国のメディアからも高い関心を集めた。

二十九日の時点から既に体制打倒や王政の礼賛と言った反体制的要素は見られていたが、〈10〉最高指導者ハーメネイー師の解任を要求するなど、次第に反体制運動としての側面が強化されていった。また、デモ隊が道路脇のゴミ収集箱に火を放ち、火炎瓶を投げて治安部隊の取り締まりに応酬するなど、路上での衝突は激しさを増していった。国外のペルシア語メディアはデモを「抗議行動（エッテラーズ）」と呼んでいたが、国内各メディアは三十日以降「騒乱（エグテシャーシュ）」と呼ぶようになった。

テヘラン市内では三十日以降、エンゲラーブ通りと共和国通り周辺で連日デモが行われた。当局は通信手段の遮断と人海戦術によってデモの拡大防止と鎮圧を図った。一〇〇〇万人をこえる市民がいるなかで、デモはそれほど大きな規模で行われたわけではない。しかし政府当局はデモの拡大を防ぐための手段に打って出た。政府当局はデモ実施中にインターネットの接続をシャットダウンするとともに、[11] テレグラムの通常の接続チャンネルを閉鎖させた。[12] インスタグラムも当局によってブロックされたものの、ネットワーク全体が遮断されていない時間では当局が設定した通信フィルターを回避す

فراخوان شماره ی ۱
فراخوان به ملت شجاع ایران برای تجمع سراسری علیه حکومت دیکتاتوری جمهوری اسلامی
روز دوشنبه ۱۱ دی ماه ساعت ۱۷:۰۰ مردم ایران همچنان در مخالفت با حکومت جمهوری اسلامی و همچنین به خون خواهی برادران و خواهران کشته شده طی سی و هشت سال حکومت جمهوری اسلامی بویژه کشته‌شدگان چند روز اخیر در درود، شیراز، تویسرکان، ایذه و شاهین‌شهر به خیابان‌ها می آیند و فریاد آزادی‌خواهی سر می دهند.
تهران : میادین ولیعصر، تجریش، انقلاب، امام حسین، آزادی
مشهد : آزادشهر(پارک ملت) سه راه راهنمایی، احمدآباد، هاشمیه

図 17　インスタグラムでの抗議集会の呼びかけ。1月1日のデモ開催を呼びかける投稿（17:00 からテヘランで市内各所複数の広場での開催を呼びかけている）。下線は筆者による。

るＶＰＮ接続によって接続可能であった。そのためインスタグラムには、連日デモの開催地と開催時間を記した情報が投稿された（図17参照）。しかし多くのデモ開催予告はデマであった。またテレグラム内の閉鎖されていないチャンネルに直接接続するための情報も投稿されていたが、接続できなかった。あくまで一例に過ぎないが、デモに実際に参加したという青年によれば、テレグラムが使えなかったため、衛星放送のＢＢＣニュースで報じられた前日のデモ開催地から予測して出向いた場所で参加できたとのことであった。

周辺でのデモ発生に即座に対応するため、エンゲラーブ通り周辺の主要な広場には、モーターバイクに乗り、ゴム弾などで武装した反乱鎮圧警察が配置された。またテヘラン大学周辺のエンゲラーブ通りの店を午後七時に閉店させ、通行人も含め周囲への当局関係者以外の立ち入りを制限した。夕暮れから深夜にかけて、エンゲラーブ通りはものものしい雰囲気に包まれていた。さらに、通りには私服のバスィージも配置されていた。モハンマド氏が連夜通りに出ていたのもこのためであった。

二〇一八年一月三日には、イランの各都市で体制を支持する官製デモが大規模に行われた。[13] また小規模ながら五日金曜日の集団礼拝の後にも官製デモが組織された。これ以降もイラン国外では、在外イラン大使館前などでの反体制派によるデモが行われ続けた。しかし国内各都市では、反体制デモとしてではなく、賃金の支払いなどを求める労働者によるデモが中心となっていった。[14]

取り締まりを行うモハンマド氏からすれば、デモを行っている者は、「イスラム国」や「シオニスト」[15]の手先だという。こうした反体制派の存在を陰謀とする体制派の見方には、米国政府がイラン国内のデモを支援すべく国連安保理に働きかけたことや、アメリカに住む前体制の国王の息子レザー・パフラヴィーがイラン国内の体制転覆デモへの参加を呼びかけたことによって現実味が与えられた[16]。一月五日のテヘラン金曜礼拝の説教で礼拝導師アフマド・ハータミーは、一連の騒動がアメリカやサウジアラビアなどによる陰謀であると述べた[17]。また彼は、外敵に対抗して体制を存続するための団結を訴えた。

筆者が調査していたバスィージ施設の空手道場でも、道場主のアフマド氏が団結を訴えた。先ごろ早世した元道場生と「聖域防衛の殉教者」となった道場生の追悼集会が二〇一八年一月初旬の稽古後に道場で開かれた。追悼のための祈願が行われるとともに、元道場生たちが行った生前の演武や、「殉教者」となり埋葬された際の映像が上映された。小柄で白髪のアフマド氏は二人の元道場生の思い出を語りながら、現体制の重要性について説いた。革命前、道場の周囲にはキャバレーや酒店が建ちならび、イスラーム的な生活を送ることが如何に難しかったのかを、参加していた高齢の道場生に尋ねながら語った。そしてイスラーム革命や現体制の存在が自分たちにとって不可欠であることを強調し、暗にデモへの批判をしながら体制の下の団結を訴えた。

ある日、デモへの対応で疲れた様子のモハンマド氏は筆者に「イスラーム共和国は柳ではない」という格言を教えてくれた。柳は風に揺られるものであるが、イスラーム共和国はそのような不安定なものではなく、確固たるものであるという意味だった。それは、目下のデモによって現体制が滅ぶものではないということを言うためであった。格言を教えてくれたモハンマド氏の傍には、新たにイラン・イラク戦争の戦没者遺族から提供された写真アルバムや、預言者ムハンマドの子孫であったカルバラーの殉教者たちの系譜図（シャジャルナーメ）があった。

モハンマド氏のような体制を支持する人々の間で、こうした格言は共有されていたのだろう。モハンマド氏が筆者にその格言を教えてから九ヶ月後、イラン・イラク戦争に参戦したロスタム・ガーセミー元司令官は、イラン北東部のマーザンダラーン州で行われた集会で、「革命の樹は「殉教者」たちの血を与えられ、いまだに大樹である。風が吹くたびに揺らされる柳ではない」と発言した。それを伝える革命防衛隊に近いメディアの報道の見出しは、「イスラーム共和制は風が吹くたびに揺らされる柳ではない」と書かれていた。[18]

二、情動の政治と日常の畏れ

上記の二つの事件は、モハンマド氏が現体制への支持を明確に表明する機会であった。しかしそれを体制側による支持者の政治動員という受動的な言葉で片付けることは、適切ではないように筆者には思われた。どちらの事件でも、彼は興奮した様子で、何かに突き動かされるように積極的にのめり込んでいったからだ。彼は筆者との日常的な会話も含めて普段理性的な判断を行っているにもかかわらず、彼が事件の際に語る「事実」は断定的であり、かつ国家側の視点を反映した一方的なものであった。こうした彼の行動は、九・一一以後のアメリカ政治における市民の情動をめぐる議論と同様のものとして理解することができる。

九・一一事件の後、ジョージ・W・ブッシュ大統領（子）は、「テロとの戦い」を宣言した。アメリカ本土で起こった同時多発テロ事件を契機とするアフガニスタンへの報復攻撃や根拠に乏しいイラクへの「予防的」先制攻撃を、何故アメリカ国民が支持したのか。あるいはブッシュ政権によるイラク攻撃を正当化するロジックや、アブグレイブ刑務所における米軍兵士による虐待を通じた反イラク戦争の運動の高まりをいかに捉えるのか。カナダの哲学者で社会理論家のブライアン・マッスミはこうした問いについて、フランスの哲学者ジル・ドゥルーズによるスピノザの情動論を援用しながら興味深い分析を行っている。[19]

ドゥルーズにとって、情動とは、アフェクチオとアフェクタスからなる人間が活動するための能力である。[20] アフェクチオという「変様」は、外部からの刺激によって引き起こされる身体的・物体的痕跡である。その痕跡には、変様が生み出された当人の身体と生み出した外部身体や物体それぞれの本性が同時に含まれる。もう一つのアフェクタスは、その状態の変動によって動的に生じる身体の変化を指す。スピノザは、精神と身体を並行する存在として捉えるため、身体に起こる変化とはすなわち精神に起こる変化となる。たとえば人は、音楽や詩を聞いたり読んだりすること、何らかの景色を見たりすることで、自身に起こる感情的変化を覚えるだろう。音楽や詩、景色といったものはアフェクチオを促し、同時にアフェクタスという感情的な変化を引き起こす。

情動が外部からの刺激と、感覚や身体とを関係づけ、その関係的変化によって引き起こされるという点は、マッスミらの議論における「中‐間性（in-betweenness）」という、人間の間で生起する情動の特徴を示している。このことがメディア・コミュニケーションという身体と事物との隔たりのなかで生起する「コミュニケーション」を理解する手がかりとなる。アメリカの同時多発テロという出来事は、情報が還流するメディア空間において身体に接触し、接触と同時に精神に痕跡を残し、強烈な変動を生じさせたのだ。

マッスミの議論は、精神的な変動により身体に起こる能力的変化について論じるというよりも、情動の「感受」について論じている。彼はとりわけ不安や恐れといったものに焦点をあて、情動が未来の存在を現在に、実体として生起させることを指摘する。たとえば、現在に引き起こされた不安が、まだ存在しない未来における脅威を「感受」させるといったことである。〈21〉それゆえに未来の脅威を除去することは、現在にとって有効な手段となる。情動が、九・一一事件のあとのアフガン戦争から「テロとの戦い」、そしてイラク戦争へとアメリカ社会を動かしたと考えられる。〈22〉

モハンマド氏のような、戦争を経験し、戦後も国家との関係を深くもってきた人々の間で、情動の政治が生起することは何ら不思議ではない。彼が興奮状態のなかで語った「事実」は、「友人」からSNSで知らされたというが、実態を正確に捉えているわけではなかった。サウジアラビアへの抗議運動の例では、モハンマド氏は通常イランの敵とみなされるアル＝カーイダの関係者も「殉教者」として理解することで、シーア派的な儀礼を取り入れた抗議集会に強い思い入れをもって参加していた。反体制抗議運動の取り締まりについても、物価上昇を発端とする抗議運動の主張とそれに反対する体制支持者の争点は必ずしも合致していないが、彼は抗議運動の参加者を明白な「敵」として認識していた。

いずれの事例でも明らかなことは、モハンマド氏は事件の「事実」を選択的に選び取ることで行動し、このことが結果として現体制の利益となっていたことである。つまり現体制を支援するという「動機」によってではなく、個々の行動の「結果」として現体制が支えられていた。だが、こうした行為の因果関係が集団として共有されているわけではないことを、彼自身も十分に理解していた。それこそが、彼が「孤独感」を感じていた原因でもあった。彼はそれを同僚にすら抱いていたことが、彼が職場を去った際に起こった事件から明らかになった。

二〇一八年十二月末にモハンマド氏が異動命令によって博物館を去るときには、かつてのホセイン氏のオフィスは、アリーレザー氏のオフィスとなっていた。アリーレザー氏はモハンマド氏よりも三歳年上であり、同じくC地区に育った子供のころからの友人であった。二〇一八年十二月に筆者が博物館を訪れる二ヶ月ほど前から、同館で働いていた。彼の担当は傷痍兵や「殉教者」の家族を参詣につれていく業務であり、モハンマド氏の新たな職場での業務と深く関係していた。

サッダーム・フセイン政権崩壊後のイラクには、アーシューラーから四十日目にあたるアルバイーンの際に、イランから多くの参詣者が訪れる。彼らが目指すのは、聖地ナジャフとカルバラーである。アルバイーンには、七〇キロメートル離れたナジャフからカルバラーまで徒歩で参詣する。三日かけて行われる参詣の路上には住民たちによって休息用のテントが張られ、また無料で食事が提供されるのだという。モハンマド氏はこうした参詣ツアーの、テヘラン市内に居住する「殉教者」の家族や傷痍兵の参加登録と現地コーディネートのとりまとめを行う部署へと異動となった。彼は、参詣ツアーの仕事を通じて博物館とも繋がりをもとうと、博物館での参詣業務を旧友に任せたのだ。

二〇一八年十二月末に再び博物館の事務所を訪れると、モハンマド氏のあとを引き継いだ新館長のモフセン氏が忙しそうに部屋を片付けていた。どうやら事務所奥にある一室を整理して館長室として使うためであるようだった。モハンマド氏がいた当時には、その部屋は物置として使われており、イベントの際に用いる飾りや「殉教者」の肖像が描かれたポスターやチラシ類などが保管されていた。

筆者は床に置かれたチラシ類をどうするのか、モフセン新館長に尋ねた。というのも、不要になった古いビデオデッキなどがそのそばに置かれていたからだ。モフセン新館長は筆者には大切にとっておくといったものの、到底大切に扱っているようには思えなかった。しばらくしてモハンマド氏が様子を見にやってきた。彼はあたりを見回しながら、短くモフセン館長と言葉を交わし、筆者についてくるように促した。筆者はおそらく、チラシ類はゴミとして捨てられていくのだろうと予想していたが、果たしてその通りであった。

モハンマド氏は後日インスタグラムに、ゴミ箱に「殉教者」が描かれたチラシ類や「殉教者」の写真が捨てられていることを投稿した。モハンマド氏のインスタグラムへの同様の投稿は、その後も続き、大きな反響を呼んだ。その間に、モフセン氏が一個人ではなく地区の責任者として「殉教者」家族へ謝罪したことも記された。モハンマド氏の強い抗議は、「軍」関係のメディアでも取り上げられ、ゴミ箱に「殉教者」の写真が捨てられたことは、公然に知れ渡るところとなった。自身が「殉教者」遺族であり、「殉教者」に人生をかけてきたモハンマド氏にとって、この廃棄事件は許せなかった。いくつかの「軍」関係のメディアはモフセン氏に直接経緯を訊ねた。彼によれば、写真は十五年以上の歳月がたち劣化したものであり、ポスター類についてはデジタルデータが既に存在していたため破棄したのだという。モフセン新館長は、まだ四十代であり、イラン・イラク戦争に参戦した経験はない。ただし、彼は一九八八年に父親を戦争で亡くしており、彼もまた「殉教者」遺族だった。

戦争に参加した経験をもつ体制派メディアの関係者についての民族誌を著したナルゲス・バージョグリーは、バスィージの世代間の大きな違いについて指摘している。[23] 彼女によれば、近年イランでバスィージとなる若者、つまりはバスィージ第三世代にとって、バスィージになるとは、いわば階層上昇のための梯子を上るような社会的戦略と結びついているという。モハンマド氏が多数派でありながら自身を少数派として語ってきた背景には、彼が集団内の世代の差や戦争と「殉教」についての経験の差異に気づいていたこともあったのではないだろうか。

モハンマド氏は筆者に、ベヘシュテ・ザフラー共同墓地に出かける際には、必ず自分に同行を求めるように注意した。これは、イラン社会の人付き合いによくある「なわばり」意識から筆者に忠告していたわけではなかった。彼は、彼のように戦後も殉教者にこだわり生き続けている存在が、現体制の一部では疎ましく思われていると考えていたからだ。外国人である筆者はなおさら危険にさらされると考えたがゆえに、筆者に忠告していたのだ。

彼が感じていた「軍」内部での「孤独感」は、彼が感じていた「軍」内部の変化そのものであったのかもしれない。しかしそれは「軍」だけが変化したのではなく、彼自身も当然ながら変化してきたがゆえの齟齬であったともいえる。筆者が知るなかで最も大きな彼の変化は、環境保護や健康的な食事に彼が目覚めたことであった。

三、プラースコー・ビルディングの火災の悲劇とロハスへの目覚め

イランの自然環境が年を追うごとに悪化していることについて、異論を唱える者はいないだろう[24]。筆者がイランに初めて訪れたのは二〇〇二年七月であったが、それと近年の状況を比較してもその差は歴然である。それ以前のイランを知る者であれば、なおさらのことであろう。なかでも実感しやすい環境問題は大気汚染であり[25]、首都テヘランのような大都市では、下半期（九月から三月）、特に冬季になれば、光化学スモッグが発生し、学校等が数週間休校になることも近年では珍しくなくなった。

革命後の環境行政は、「改革派」のハータミー大統領がマアスーメ・エブテカール博士を副大統領および環境保護庁の長官に指名したところから本格的に始まった[26]。しかし環境保全にかかる予算規模は革命以前に比べると需要に比して少なくなっただけでなく、二〇〇五年にアフマディーネジャード政権になるとさらに縮小された。ロウハーニーが二〇一三年の大統領選挙に当選した当時には、水不足や大気汚染をはじめ環境問題への取り組みの必要性はもはや誰もが理解できるところとなっていた。

そのため抜本的な成果が上がっているとは言えないものの、同政権は継続して環境問題に取り組んできた。

こうした革命後の環境問題の状況を俯瞰すれば、環境行政はリベラルな政権との親和性が高かった。反対に、「新保守派」の政権は、環境問題を副次的な問題として扱い、開発を優先させてきたともいえる。

革命後のイランでは名目上イスラームによる政治社会運営を前提としているため、聖典クルアーンや預言者ムハンマドの言行録、またシーア派の場合には歴代イマームたちの言行録の再解釈を通じたイスラーム的言説は政策を正当化させる作用をもつ。なかでも最高指導者であるハーメネイー師の発言は、社会運営をめぐるイスラーム法上の決定として最優先される、イスラーム統治府が発する命令として社会的な有効性をもってきた。環境保護運動の参加者や環境保護活動を推奨する「環境保護庁」関係者の間では、それらのイスラーム的言説が内在化されてきたことが知られてきた。[27] それはイスラーム的言説を利用しながら体制右派も環境保護に取り組む可能性を示唆している。

ホセイン氏が博物館に勤めていたとき、博物館の入口の傍の八畳ほどの部屋が彼のオフィスであった。ホセイン氏はその後博物館を辞めたが、二〇一七年十二月末に再びその部屋を訪れると、そこは前線の塹壕を模した部屋となっていた。ベヘシュテ・ザフラー共同墓地にある殉教者財団の建物にも、土嚢が積まれた戦時中の前線の塹壕を模した部屋があった。ホセイン氏の部屋もそれと同じように土嚢を壁面に積んだように見せたものに変わっていた。当時の前線の様子を写した写真パネルや「ホセインさま、あなたのために」と書かれた旗などが飾られていた。「愛の塹壕」とモハンマド氏が呼ぶこの部屋では、平日に訪問者に対して昼食がふるまわれるようになっていた。昼食を作るのは、モハンマド氏を中心とした博物館の職員たちであった。

モハンマド氏は筆者にもそこで昼食を食べていくように促した。今日は特別に手をかけて作ったとふるまってくれたのは、アーブ・グーシュトだった。直訳すれば「肉汁」の意であるこの料理は、今日ではイラン料理として一般化しているが、日本の肉じゃがと同じく西洋のシチューを土着化させた料理であった。

彼が昼食をふるまうのは施しと「もてなし」のためであった。それに加えて、少なくとも筆者が三度目の調査期間に訪れていた二〇一七年十二月末から一月初旬にかけては別の意味もあった。彼はプラスチック製品廃絶による環境保護や、健康で「自然」な食事を意識していたからだ。それはまるで地球環境保護と健康を重視する生活の仕方であるロハス（Lifestyles Of Health And Sustainability の頭文字をとったLOHAS）に彼が目覚めているかのようであった。しかしそれは国家が推奨するイスラーム的言説に基づくものではなく、彼の場合には独自の反帝国主義と陰謀論を動機としていた。

在テヘラントルコ大使館からイスラーム共和国通りを隔てると、かつてそこには一六階建て[28]の複合商業施設プラースコー・ビルディング（以下プラースコービル）が建っていた。革命前の一九六二年に建てられ、築六五年になるその建物は、下層階には衣料品を中心とした小売店が軒を連ね、上層階は衣類の加工場や住居として利用されていた。[29]

二〇一七年一月十九日七時五十分頃、一〇階から火の手があがった。テヘラン市内の数ヶ所の消防署が協力しながら懸命に続けられた消火活動にもかかわらず、その四時間後には無残にも建物全体が崩れ落ちた。建物が崩壊していく様子はスマートフォンで撮影されＳＮＳを通じ拡散された。垂直に崩壊する建物によって、消火や救助のために現場にいた消防士たち一六名が犠牲となった。彼らの遺体が納められた棺桶はイラン国旗で包まれ、彼らの写真にはチューリップが手向けられていた。国内の報道では、彼らもまた「殉教者」として扱われた。

二〇一七年末に、モハンマド氏と書道家である彼の弟が字を書いたという陶器の皿について話していると、彼は近年増え続けるプラスチック製品について不満を述べだした。彼によれば、イラン社会でのプラスチック製品の増加こそが「シオニスト」やアメリカの仕業なのだという。そして彼はプラースコービルの火災事件は、まさにその「陰謀」を示していると語り始めた。

プラースコービルの名は、建設者であるイラン系ユダヤ人商人のハビーボッラー・エルガーニヤーン（一九一二—一九七九）が経営していたプラスチック製造会社の社名に因んでいた。同氏は一九六〇～七〇年代のイランにおいて、西洋の製造技術を移入するうえで極めて重要な役割を果たした。彼自身が「シオニスト」であったことは否定されているが、イスラエルへ投資を行うなど、同国に友好的な立場であった。当時の王政時代のイランにあって、テヘランのユダヤ人コミュニティで指導者的立場も務めていたことからすれば自然なことであろう。またプラースコービル自体もイスラエルの技術者によって建設された。革命運動が本格化する一九七八年の秋からアメリカに滞在していた彼は、そのまま亡命するかに思われた。しかし革命直後の三月にイランに帰国し、イスラエルとの関係からスパイ容疑で逮捕され、革命裁判にかけられ処刑された〈30〉。

既に述べたように、プラースコービルの火災で亡くなった消防士たちも「殉教者」として報道された。これまでにも消防士が犠牲になる火災は数多くあるなかで、何故彼らだけが「殉教者」として大きく扱われたのかを、モハンマド氏の陰謀論は補っている。陰謀論に表されていたのは、不義による抑圧であり、この物語の構造こそが人の死を殉教者へと転化させる重要なロジックとなる。

事故を聖なる死とするために、不義による抑圧というロジックが必要とされ、それはモハンマド氏の陰謀論に含まれていた。つまりプラースコービルの犠牲者たちは、「シオニスト」という不義によって抑圧された人々なのだということである。だが、遺族たちのその後に目を向けると、プラースコービルの事故は別の結末を迎えつつあった。結局、テヘラン市当局は消防士たちの死を「殉教」とは扱わず、遺族たちに「殉教者」家族への奉仕を行うことを拒んだのだ。そのため遺族たちは二〇一九年十月にも、テヘラン市の関係庁舎前で「殉教」の認定と「殉教者」家族への扱いを要求する抗議運動を起こした〈31〉。

プラースコービルが崩れ去った後には、現場に立ち入れないようにフェンスが立てられた。フェンスには、現場が見えるように顔の部分が透明の板でくりぬかれた消防士たちの絵が描かれた（図18参照）。彼らは殉教者（シャヒード）と呼ばれ続けながらも「殉教者」ではないという矛盾は、顔のくり抜かれた誰でもない姿として描かれることに、皮肉ながらも表されているようだった。

図 18　崩壊したプラースコービル跡。封鎖壁には顔の部分を透明にした消防士の姿が描かれる（2018 年 12 月　筆者撮影）

プラースコービルの火災をめぐる筆者とモハンマド氏の会話は彼に別の作用を与えた。モハンマド氏がプラスチック製品の普及についての「陰謀論」を語った四日後、彼は昼食をふるまう際に自身がプラスチック容器を使っていることの自己矛盾を解消しようとしたのだ。

二〇一七年十二月末に事務所を訪ねると、彼は筆者に知人のジャアファル氏とともにバーザールに買い物に出かけるように促した。数日前、プラースコービルの火災やプラスチック製品に対する彼の反帝国主義論を聞いたばかりであった。筆者はジャアファル氏の小型バイクに乗せてもらい、大気汚染警報によって休校となっていた彼の小学生の息子とともに三人でバーザールに出かけた。そこはジャアファル氏の馴染みの店主がいる金物屋であった。ジャアファル氏は半ば無職であったが、かつて銅製品を白く磨き上げる職人として働いていたこともあり、そのときに金物屋の店主とつきあいがあった。その店でモハンマド氏の使いでジャアファル氏が買ったのは、直径二〇センチほどの銅の鉢であった。それまで食事がふるまわれる際には、プラスチックの使い捨ての容器が用いられていた。しかしその日からは、購入した銅の鉢で料理がふるまわれるようになった。

プラスチックが目に見えるイランの環境問題であることは、プラスチックごみの排出量からもわかる。二〇一二年に世界銀行から発行された廃棄物処理についての報告書をみると、イランにおいてはゴミの約一一%がプラスチック製品である。[32] 近年行われた調査では、ごみ全体の七・七七%がプラスチック製品だという結果もあり、以前に比して廃棄物に占めるプラスチック製品の割合は減ったものの、地方部ではなお高い割合を占めるところもある。加えて、テヘランなどでは大型の廃棄物の焼却施設が導入されているが、多くの場所では廃棄物は埋め立てて処理される。

モハンマド氏は自身のインスタグラムを更新し、購入した銅の鉢を並べた写真を掲載した。そして「銅の鉢を使用することは食欲を増進させる。「愛の塹壕」における「殉教者」たちのソフレの饗応」という言葉を書き添えた。「愛の塹壕」とは、食事をふるまっていた部屋のことである。ソフレとは絨毯などの上に敷く食布のことを指す。人々がその食布の両側に沿って座り、食事をとり、食布の上に銅の鉢に入った料理が各人の前に並べられる。参加者は適当に配られるナーン（パン）を受け取り、各々の前のソフレに置く。しかしソフレは布ではなく、使い捨てのビニール製であった。筆者が、環境保護というならソフレがビニール製というのはおかしくないかと彼に尋ねると、毎回洗うのが大変なのだよと、矛盾を指摘されたことを体裁が悪そうに答えた。

モハンマド氏が次にこだわったのは塩であった。プラースコービルの火災からプラスチックに反対する意見を述べていた際に、プラスチックを有害なものとして述べただけでなく、食事の重要性についても筆者に説いた。腰痛や高血圧に悩まされていた彼は、手作りの食事が健康にとってふさわしいことを語り、近所の商店での買い物に筆者につきあうようにいい、出かけた。筆者は荷物持ちの手伝いか何かであろうかと思いながらも、彼に同行し、歩いて一分ほどのところにあった商店を訪れた。

小さな商店であるが、店のなかをまわるなかで、岩塩を手にとった彼は、塩のなかでも、化学的に合成されたものよりも、岩塩は塩分として体によいものであると語り、岩塩を買い物かごに入れた。彼がその知識をどこで見聞きしたのかは、よくわからなかった。しかし何かの確信が彼にはあったようだ。彼は岩塩を使って料理をした。底が浅めのタライのような銅の容器に岩塩を入れ、そこに湯を加えて、少しずつとかしながら使っていた。

岩塩を購入してから二ヶ月後に筆者が他の用務でイランを訪れ、合間に彼を訪問したときも彼は岩塩を使い続けていた。もちろん銅の食器も利用され続けていた。走っている車からゴミを車外に投げ捨てることも珍しくない社会にあって、プラスチック製品の使用を拒否し続けていた彼は稀有な人物であることは間違いなかった。加えて、彼自身の動機でプラスチックの廃絶を行っていたことも理解できた。彼はこれまで「殉教者」や陰謀論を用いずには、自身の環境保護の取り組みを説明することはなかった。しかし彼が自身で新たに始めたロハスな行動は、彼の社会に対する捉え方に少しの変化を与えた。

二〇一九年十一月に再びイランでは全国規模のデモが起こった[33]。政府によるガソリン価格の引き上げの発表を発端とし、すぐさま暴動へと発展した。二〇一九年暮れの調査時にモハンマド氏にデモの見回りについて尋ねたが、彼は参加していなかった。デモそのものが即座に急進化していったために、国家が即座にデモに対する強固な鎮圧姿勢をみせたことも関係していただろう。しかし現国家体制を維持させるための動員という「殉教者」への奉仕の機会が彼になくなったことで、彼のなかに変化が起こっていた。物価が高騰する中でのガソリン価格の上昇は、人々の生活をさらに苦しくさせることであり、モハンマド氏はそれに対して抗議することには理解を示していた。ガソリンの値上げは、彼が嫌っていたロウハーニー政権が執った政策であった。彼は抗議運動に理解を示したというよりは、生活の厳しさに同情を示していた。

モハンマド氏は革命に参加したことを後悔していなかった。しかしすべてをイデオロギーに委ねることについて、それが正しいのかを筆者に自問するように問いかけていた。すべてがイスラームに基づいて行われるのではなく、人間がかね備えた理性を発揮する必要があること、そしてそれもまたイスラームであることを筆者に説いた。アメリカですら、どんなイデオロギーが最適であるのかを模索し、悩んでいるのだという。彼の筆者への問いかけは、社会のあらゆる事柄をイスラーム化しようとしてきた現体制の運営方針とは異なっていた。加えて、イラン国家にとって「大悪魔」であるアメリカを、立場が異なれども同じく解を悩める存在として同情的に捉えていた。

終章

テヘラン市内の再開発されたウードラージャーン地区のバーザールの様子
(2018 年 1 月　筆者撮影)

本書は二〇〇〇年代以降のイラン国家の支配構造に深く関わってきた「軍」という政治勢力が、所属組織や世代を超えた異なる人々の繋がりによって形成されてきたことを検討してきた。なかでも、戦中は志願兵としてイラン・イラク戦争の前線に赴き、戦後は殉教者財団に勤めてきたモハンマド氏と彼の周辺に焦点をあてながら記述してきた。

イラン・イラク戦争は、イラク侵攻による防衛戦争として始まったものの、イランの逆侵攻と優位な停戦条件の模索により長期化していった。しかし米国によるペルシア湾の安全保障問題を背景にした介入によって優位な条件を得ることのできないまま、イランは停戦決議を受け入れることになった。イラク領への逆侵攻も含めれば防衛戦争とは言えないものの、イラン側で戦争に参加した当事者、特に志願して戦場に赴いた者たちにとっては、「聖地防衛と押しつけられた戦争」であり、正義をなすための戦いとして語られ続けてきた。

戦場で亡くなった者たちは、他の近代国民国家における戦争の犠牲者と同様に手厚く扱われてきた。他の国家と異なるのは、国民であることによって顕彰するのではなく、イランの多数派の宗教であるシーア派の文化的コンテクストに合わせて「殉教者」として顕彰していたことであった。

イスラームのため、正義をなさんがために立ち上がったという七世紀のフサイン一行の「カルバラーの物語」を中心に影響を受けた「殉教者」言説は、革命のために命を捧げた人々から、イラン・イスラーム共和国のために命を捧げた人々へと拡大して適用された。さらに国家の対外方針とともに、誰が「殉教者」であるのか、何故「殉教者」であるのかをめぐる議論は、次第に国外にも対象を広げていった。その結果、「アラブの春」後のシリアやイラクの、「聖域防衛」のために戦った革命防衛隊員、元革命防衛隊員の軍事顧問、さらには「志願兵」の戦死者は「殉教者」と解釈された。「聖域防衛」のための死は、かつてのイラン・イラク戦争での戦没者と同様に荘厳な死として扱われた。戦没は形式化されたふるまいのなかで、「殉教」という祝福されるべきものとして「慶び」をもって迎えられる。表向きには遺族は「慶び」を表しながら、その裏で表現のしようのない喪失に慟哭する。「カルバラーの物語」は新たな紛争のなかで再解釈され、「不義」との闘いに人々を誘う。埋め合わせることのできない悲しみのなかにある人々と隣人たちとの間で、「殉教」をめぐるコミュニケーションの形式は再生産されてきた。

　革命やイラン・イラク戦争から年月を重ねても、「殉教」は社会的に有効な言説として機能してきた。それを可能としてきた一つの要因は、「殉教者」をめぐる記憶が保存されてきたことである。公的施設として一九九〇年代以降に各地に建設された殉教者博物館は、異なる時代や境遇にあった人々の死を、「殉教」として展示してきた。こうした博物館は表面的には集合的記憶を醸成し、国民を追悼へと誘う国家的装置に見える。しかし展示物が発するメッセージや、博物館の展示全体から得られる物語性を理解することは容易ではない。異なる次元の死を「殉教」として解釈させようとしていることからもわかるように、博物館は「殉教」という言説の操作性を示す場であった。他方で殉教者博物館は、地域コミュニティで共有された知識や記憶が集積されていく場でもあった。そこは行き場をなくした地域社会の「殉教者」たちの遺品が保存される場であり、地域の文脈で「殉教者」が特定される場であった。

　モハンマド氏は、個々人の記憶のなかにあるイラン・イラク戦争の戦没者の存在が忘れ去られていくことを危惧していた。彼は忘却の自然な本性に抗い、戦没者を中心とした「殉教者」をめぐる個人の記憶を、遺族などの関係者へのインタビュー撮影によって残そうとしてきた。彼のインタビューは公共空間で記録として残されるかたちで撮影されており、インタビュー相手の発言は制限され、記憶の上澄みだけを保存していくことでもあった。

　彼がたとえ上澄みであろうと「殉教者」の記憶を残そうとしてきたのは、自然な忘却を危惧していただけでなく、時に政治的に強要される忘却に抗うためでもあった。ビルの壁に描かれた「殉教者」の肖像は描きかえられるか、美化のためにアート作品にとって代わられていった。それは旧世代の遺物を新たな時代のために消し去ることであり、モハンマド氏らは政治的な企図された忘却に抗おうとした。「殉教者」の名前にちなんだ通りの名称が変えられようとしたとき、彼らはそれに反対の意見を表明した。しかしイラン・イラク戦争の「殉教者」の存在が都市の風景のなかから消え去っていくことは、もはや運命づけられているということを認めてもいた。近年では、「殉教者」という表現が通りの名前から消え去ろうとしていたことに、もはやモハンマド氏も抗わなかった。彼は、もはや都市空間に「殉教者」として故人が埋め込まれることよりも、故人が存在した足跡を残すことが重要であると考えるようになっていた。

「殉教」や「殉教者」に親しみ、「軍」を支持する層は、戦場を生き抜き、戦後も闘い続けてきた彼らのような人々だけではない。二〇〇〇年ごろには都市の高学歴の若者の間で、イラン・イラク戦争の戦没者について知ることがブームとなった。映像作品などを通じて神秘的に描かれた「殉教者」としての戦没者は、霊的探求のための素材となった。彼らのような高学歴層は、かつてはリベラルで西洋志向の文化的消費を行うと考えられてきた。文化的消費をめぐる分断は、革命後のイラン社会の大きな特徴の一つでもあった。同時に、都市の開発によって、異なる階級の住人が隣接して暮らすという変化も起きてきた。

近年、文化的消費について形式的な差異は急激に消失しつつある。革命後のポピュラー音楽の展開はこのことをもっとも顕著に示していた。ポピュラー音楽は、革命後の厳しい制限によって「抵抗の文化」の象徴的存在であった。しかし形式から内容の問題へと焦点が移行することで、二〇一〇年代以降には実にさまざまな形式の音楽が許容されるようになった。体制派ポップ・アイドルのような存在まで登場したことに示されるように、国家や「軍」への支持は、娯楽的な楽しさと矛盾するものではなくなった。こうした特徴は、「殉教者」をめぐる「軍」主導の博物館にすら見られる。

テヘランの「イスラーム革命・聖地防衛博物館」は、展示を通じた明確なメッセージ性と個人の遺品という展示品から発せられる陰鬱さを、アートによって覆い隠すことに成功していた。さらに聖地防衛博物館はシミュレーションコーナーやジップラインを含め、エンターテイメント性を提供する施設となっている。それは殉教者博物館が来館者に与える人の死の重々しさとは反対に、戦争やイラン国家の「正しさ」を、「楽しさ」を通じて経験させることになる。

「軍」のイデオロギーが娯楽を通じて展開し、新たな世代の支持を得ようとしてきたものの、「軍」の存在を一九九〇年代以降支えてきたのは、モハンマド氏らのような「古参」の戦争経験者たちであった。二〇〇〇年代以降、議会や大統領といった政治アリーナで「軍」の存在が顕在化してきたが、モハンマド氏は自身を含む「古参」を政治的には周縁的存在とみなしてきた。周縁的である彼は、現体制の国家を受動的に支持するだけでなく、時に能動的な支持表明ととれる行動をとった。

モハンマド氏は官製集会や変動時の反体制派の取り締まりのために繰り出していた。彼は受動的に「軍」のネットワークのなかで動員されていたというよりも、過去の経験によって主体的に行動していた。彼は事件をめぐる「事実」を選択的に選び取ることで行動し、このことが結果として現体制の利益となっていた。現体制を支援するという「動機」によってではなく、個々の行動の「結果」として現体制が支えられていたのである。彼はまた「軍」においても自らを周縁的存在として捉え、同僚の「不義」を暴露した。それは「軍」内部のイデオロギー的な確執や政治的角逐を示していた。

国家を「軍」が支え、「軍」を異なる意図をもった集団が支えるというメカニズムは、近年でも大きく変わっていない。しかし人は不変ではない。モハンマド氏も消防士の「殉教者」が生まれたプラースコービルの火災からロハスな生活へと踏み出した。彼はイラン国家の常套句でもある陰謀論と「反帝国主義」を読み替えながら、環境保護と自己養生を実践し始めた。彼の営みが国家の言説を読み替えながら変化していることは、不変ではない人々の上に成り立つメカニズムも変化せざるを得ないことを示唆している。

二〇二一年一月二十日、第四六代合衆国大統領としてジョー・バイデンが就任した。前トランプ政権が国内外でもたらした「負債」をめぐって、新政権がどのように対処していくのかに関心が集まった。イランに関して言えば、トランプ政権による核合意離脱をめぐるバイデン政権の動静に注目が集まったが、イランの政権交代の時期でもあり、大幅な進展は見られなかった。もっともイランの「軍」にとってみれば、トランプ政権が必ずしも「負債」をもたらしたとも言えなかった。

トランプ政権によるイランへの経済制裁は、国際的な経済活動を制限することで、イラン国家に国内生産体制の拡充を図らせるとともに、中国・ロシアとのさらなる軍事経済的関係の強化を図らせた。経済制裁は、急激な為替変動という目に見える形でイランに打撃を与えたが、その被害を被ったのは、外貨の蓄えのない「もたざる人々」であった。イラン政府が経済問題への解決の糸口を見いだせない一方で、イラン経済においては革命防衛隊ならびに関係財団関連の企業の存在はより強固なものになった。

「軍」の政治経済的な影響力拡大が進むことで、人々の功利的な選択として支持が拡大していくことが今後も予想できる。一方で、本書で見たように、「軍」のなかでモハンマド氏らのような「古参」の支持者たちと功利的な選択をする支持者たちの間で静かな軋轢が増していくことも同時に予見できる。ただしその軋轢はモハンマド氏らのような「古参」にとって必ずしも否定的に作用するわけではないだろう。

モハンマド氏は第6章で述べたように、二〇一六年末のデモ発生時とは変わり、二〇一九年十一月にイランで起こったガソリン値上げデモについて、生活に困窮する市民へ同情を寄せていた。両事件は厳しい経済状況を反映している点で共通性をもっていたが、モハンマド氏はそれぞれについて異なる関わり方をしていた。二〇一六年末にはデモの取り締まり兼鎮圧役として動員されていたが、二〇一九年の騒乱の際には彼のような「一般人」は取り締まりと鎮圧のためにもはや必要とされていなかった。二〇一九年末には、専門の治安維持部隊と専門のバスィージだけがデモ鎮圧にあたった。モハンマド氏は体制維持のために動員されなくなったことで、行動するために「事実」を選択的に選び取る必要がなくなっていた。結果として、自分とは異なる立場の人々に対して想像をめぐらすことが可能になっていた。

体制側の動員が、彼のような有志から専門集団へと変化していることは、二〇二〇年の新型コロナウイルス感染症拡大時に、消毒のためにバスィージが大量動員されたことにも顕著に示されていた。[1]新型コロナウイルス感染症がイランにおいて第一波のピークを迎えた二〇二〇年四月初旬、モハンマド氏はSNSで自身の「殉教者」をめぐる活動を発信することを突如やめた。彼は、ソレイマーニー司令官の記念碑が建てられたニュースを受けて、同司令官の肖像画を最後に投稿した。彼には既往症があったため、筆者は彼の安否を危惧したが、心配は杞憂に終わった。彼は無事であった。彼はSNSで不特定多数に発信することをやめただけだった。彼は生きがいである「殉教者」の遺族・関係者へのインタビューを続けていた。インタビューについて、仕事ではなく、あくまで自分個人のプロジェクトだと語っていたが、そのことが示されたともいえる。しかしそれは彼のプロジェクトが他者の承認を必要とせず、あくまで彼自身の目的のために個人化されていることも示していた。

「軍」のネットワークが単純に政治経済的な利害関係としての色彩を強めていけば、それが国際社会にとって好ましいことであるかはさておき、異なる利害集団とも状況に応じて結びつく可能性もあるだろう。そうなれば、モハンマド氏らのような戦争経験者たちは、自身が必要とされなくなっていることをより強く意識していくだろう。彼らを必要とせず過去への責務を負わずに功利的に編成された「軍」は、自らのイデオロギー的基盤を放棄することになる。

「軍」によるイデオロギー的基盤の放棄は、イランにとって必ずしもネガティブな結果をもたらすとは限らない。必要とされなくなった過去の人々らは、行動のために「事実」を取捨選択することから解放され、他者への想像によって別の未来へと進む可能性も手にしうるからだ。それは非常に低くはあるが、イラン社会で政治的立場の違いにより分断された人々の和解の可能性であり、異なるイラン国家を再構築する可能性である。戦争を通じて託された終わらない昨日を明日に続けようとする人々の手には、別の明日の風景を創る可能性も握られている。

注

序章

〈1〉正確には一九八〇年九月二十二日から一九八八年八月二十日までの二八八七日間である。

〈2〉酒井啓子編『途上国における軍・政治権力・市民社会――二一世紀の「新しい」政軍関係』晃洋書房、二〇一六年。

〈3〉桜井啓子『日本のムスリム社会』筑摩書房、二〇〇三年、四三頁、八六―八七頁。

〈4〉ここでの日本の戦後世代の分類は、文芸評論家の斎藤美奈子によった戦後史家の成田龍一の分類に基づく（成田龍一「現代社会の中の戦争像と戦後像」成田龍一・吉田裕編『記憶と認識の中のアジア・太平洋戦争』（岩波講座アジア・太平洋戦争　戦後編）岩波書店、二〇一五年、四頁）。本人自身が戦争を体験した戦争経験世代、一九四五〜六〇年代生まれで、親の戦争体験を一次情報として聞かされた戦後第一世代、一九七〇年代以降の生まれで、学校教育やメディアを通して再編された戦争しか知らない戦後第二世代の三つの分類である。

〈5〉体験と証言と記憶が三位一体となって、戦後の戦争への認識と叙述に年代ごとに推移を与えてきた。同点については、成田龍一『増補「戦争経験」の戦後史――語られた体験／証言／記憶』岩波書店、二〇二〇年、八―二四頁、を参照。

〈6〉「裏の記憶」は山田朗『兵士たちの戦場――体験と記憶の歴史化』（シリーズ戦争の経験を問う）、岩波書店、二〇一五年、二―三頁、の戦争記憶をめぐる「表」と「裏」の議論に基づく。「表の記憶」は、私的に継承され、その時代に生きた人の私的「記憶」の最大公約数である集合的記憶となり、やがて公的に継承され、歴史化されていきやすい。他方、「裏の記憶」は組織的な残虐行為や性暴力、謀略など秘匿と加害が関わり、語れない記憶として私的継承がなされないだけでなく、記憶を抹殺しようとするベクトルすら生まれてきた。

〈7〉戦争の記憶と継承をめぐっては、近年でも盛んに議論がなされている。語り部が喪失しつつある近年の現状に鑑みながら、福間良明『戦後日本、記憶の力学――「継承という断絶」と無難さの政治学』作品社、二〇二〇年、や水島久光『戦争をいかに語り継ぐか――「映像」と「証言」から考える戦後史』NHKブックス、二〇二〇年、などが興味深い議論を行っている。

〈8〉エンターテイメント性は、戦争未経験者の「戦争像」形成に作用する重要な問題である。戦後史家の成田龍一は戦後第二世代が抱く新たな世代の戦争像、戦後感についても捉えようとしてきた（成田龍一、前掲論文「現代社会の中の戦争像と戦後像」）。成田は戦後第二世代の新たな「戦争像」として、立場性を明示しない日本の博物館の戦争展示を批判する古市憲寿にも目を向けてきた。古市は戦争博物館に足を向けさせる一つの要素として、戦争状況に内在化された「楽しさ」とエンターテイメント性を提供する施設としての戦争博物館の可能性について触れ、世界各地の戦争博物館のレビューを行っている（古市憲寿『誰も戦争を教えられない』講談社、二〇一五年、三五頁、三七―四〇頁）。

第1章

〈1〉たとえば杉山維彦は、日本の旅行社が取り扱うイランへのパッケージツアーにおいて、消費者を意図した場合、イランではなく消費者世代がもつイメージに依拠しながら「ペルシア」を想起させる戦略をとっていることを指摘している。杉山維彦「観光素材としての「ペルシャ」と「イラン」のイメージ比較調査」『日本国際観光学会論文集』一六号、二〇〇九年、三一―三五頁。

〈2〉これに加え、早春に盛大に行われるユダヤ教の儀礼プーリムも、ヘブライ語聖書のエステル記にある紀元前五世紀前半にハカーマニシュ朝のハシャヤーラシャー（クセルクセス）の時代に起こった逸話に由来するように、ペルシア帝国とユダヤ教との関係は深い。

〈3〉イランという言葉が国名の自称であったことは、「イランの諸王の王」を名乗ったサーサーン朝の皇帝アルダシール一世（在位二二四―二四〇）に遡ることができる。またガージャール朝時代にも紙幣にイランと記されていたように、対外的にはペルシアを用いながらも、自称としてイランという言葉は用いられてきた。

〈4〉本書におけるイラン現代史について大まかな点では、吉村慎太郎『イラン・イスラーム体制とは何か――革命・戦争・改革の歴史から』書肆心水、二〇〇五年、および『改訂増補 イラン現代史――従属と抵抗の一〇〇年』有志舎、二〇二〇年、に依拠している。

〈5〉イランによるイスラエル国家の承認はモハンマド・サーエド内閣がイラン暦一三二八（西暦一九五〇）年の新年休暇に反対派不在のなかで急遽議会の採決を取ったことに遡ることができるものの、モサッデク政権期の一九五一年七月にエルサレム領事館を「財政不足」により閉鎖するなど不確定なものであった。一九六〇年の宣言が実質的に正式な承認の機会となったことは、一九六一年十二月のイスラエルのベングリオン首相のイラン訪問にも示されている。イランとイスラエル関係の概略については、イラン百科事典の該当項目を参照（David Menashri and Trita Parsi, s.v. "Israel i. Relations with Iran," *Encyclopædia Iranica*, XIV/2, 2007, pp.213-223.）。

〈6〉革命当初の憲法制定過程については、富田健次『アーヤトッラーたちのイラン――イスラーム統治体制の矛盾と展開』第三書館、一九九三年、五三―五五頁、Said Saffari, "The legitimation of the Clergy's right to rule in the Iranian constitution of 1979," *British Journal of Middle Eastern Studies* 20(1), 1993. を参照。

〈7〉ホメイニー師の後継者として次期最高指導者には、一定の法学者としての学識が認められていたホセイン・アリー・モンタゼリー師が指名され、一九八五年には公式な手続きを経て、後継者に任命されていた。しかしモンタゼリー師の側近らが政治的な勢力を拡大しようとしたものの、体制指導部から牽制され、イラン・コントラ事件へと発展するイランとアメリカとの秘密取引を暴露したことなどで、モンタゼリー師とホメイニー師ら体制指導部との間の軋轢が徐々に増していった。モンタゼリー師はホメイニー師と幾度となく政治的な見解の相違を明らかにし、両者の対立は決定的になった。最終的に、モンタゼリー師に代わる後継者選びの手続きが済みつつあった一九八九年三月にホメイニー師によって後継者指名が撤回された。

〈8〉「改革派」は、ラフサンジャーニー政権期に政権を支えた現実主義者の「現実派」と、一九八〇年代から急進的ホメイニー主義を掲げてきた「急進派」の一部が合流した政治的自由化を志向する政治潮流である。八〇年代および九〇年代における党派政治については、松永泰行「イラン・イスラーム共和国における選挙制度と政党」国際問題研究所編『中東諸国の選挙制度と政党』国際問題研究所、二〇〇二年、および吉村慎太郎、前掲書『イラン・イスラーム体制とは何か』などを参照。

〈9〉彼らについては従来のバーザール商人などを支持層とする「保守派」とは区別され、「新保守派（Neo-Conservatives）」や「新原理派（Neo-Principalists）」という分析概念が用いられる（Anoushiravan Ehteshami and Mahjoob Zweiri, *Iran and the Rise of its Neoconservatives: The Politics of Tehran's Silent Revolution*, London: I. B. Tauris, 2007., Roozbeh Safshekanand Farzan Sabet, "The Ayatollah's Praetorians: The Islamic Revolutionary Guard Corps and the 2009 Election Crisis," *Middle East Journal* 64(4), 2010, pp.543-558.）。非法学者のテクノクラートであり、革命防衛隊出身者が多く含まれる彼らについては、イスラーム法学者の権威に対して従順であるのは表面上に過ぎず、実際にはイスラーム法学者の政治的権威に対抗する勢力であるとも捉えられてきた（Roozbeh Safshekan and Farzan Sabet, *op.cit.*, pp.552-553.）。二〇〇四年の議会選挙頃から「新保守派」が徐々に台頭し始めたことについては、佐藤秀信「「新保守」の台頭――第七期イラン国会議員選挙経過と展望」『イスラム世界』六三号、二〇〇四年、などを参照。

〈10〉「イスラム国」のイラクにおける展開とイラクによる対処については、吉岡明子・山尾大編『「イスラーム国」の脅威とイラク』岩波書店、二〇一四年、を参照。

〈11〉議会選挙における基本的な立候補資格については、貫井万里「イランにおける選挙制度と女性の政治参加――伝統的制度と価値観に挑戦するイランの女性たち」『SRIDジャーナル』一一号、二〇一六年、三頁、に簡潔にまとめられている。二〇〇七年に改定された議会選挙法第二八条によれば、「①イスラームとイラン・イスラーム共和国体制を信奉し、②イラン・イスラーム共和国国民で、③憲法とイスラーム法学者支配体制に忠誠を表明し、④学士あるいはそれと同等の学歴を有し、⑤選挙区において悪評がなく、⑥視覚・聴覚・言語能力に障害がなく、⑦三十歳以上七十五歳以下の人物に認められている」。

〈12〉大統領選挙および議会選挙については、関係する選挙法が随時変更されており、ここでは一九八九年の憲法改正後の政治体制について基本的な部分についてのみ扱う。なお一九七九年の革命後に制定された憲法においては、司法権は最高裁判所長官が、立法権は国民議会がそれぞれ担っていた。

〈13〉大統領は一期四年を任期とし、連続して一期のみ再任が可能である。一回目の投票で有効得票数の過半数を超える候補者がいない場合には、得票数の上位二者による決選投票によって決められる。定員二九〇名の議会も一期を四年としており、各選挙区で有権者は議席数に応じて立候補者に一票ずつ投票することができる。一回目の投票で過半数の票を得ると当選が確定し、反対に過半数を超える票を得られなかった者は、残り議席数の倍の範囲で上位得票者による決選投票を行い決定する。なお一九〇六年に議会で制定された規定を反映し、革命後も憲法六四条の規定に基づいて議席数が宗教的帰属ごとに配分されている。二九〇議席のうち二議席はキリスト教系のアルメニア教徒に、キリスト教系のアッシリア正教徒とゾロアスター教徒、ユダヤ教徒にはそれぞれ一議席が配分されている。つまり五議席は宗教的マイノリティにあらかじめ配分されている。

〈14〉専門家会議の議員は多数派のシーア派のイスラーム法学者だけでなく、スンナ派のイスラーム法学者も含まれる。

〈15〉専門家会議選挙における資格審査を通じた介入の例として、ハーメネイー師が最高指導者に就任後間もない一九九二年に、ハーメネイー指導体制に批判的なイスラーム法学者を大量に失格させたことがあげられる。

〈16〉イランの権威主義体制論には、H. E. Chehabi, "The Political Regime of the Islamic Republic of Iran in Comparative Perspective," *Government and Opposition* 36(1), 2001, pp.48-70. を嚆矢とし、Arang Keshavarzian, "Contestation without

Democracy: Elite Fragmentation in Iran," In M. P. Posusney, and M. P. Angrist, (eds.), *Authoritarianism in the Middle East: Regimes and Resistance*, Boulder and London: Rienner Publishers, 2005, pp.63-83., Elliot Hen-Tov, "Understanding Iran's New Authoritarianism," *The Washington Quarterly* 30(1), 2007, pp.163-179., Eva Patricia Rakel, *Power, Islam and Political Elite in Iran: A Study on the Iranian Political Elite from Khomeini to Ahmadinejad*, Leiden and Boston: Brill, 2009. などの研究がある。

〈17〉詳しい権威主義体制の特色と全体主義体制および民主主義体制との差異については、J・リンス・A・ステパン『民主化の理論――民主主義への移行と定着の課題』荒井祐介・五十嵐誠一・上田太郎訳、一藝社、二〇〇五年、を参照。

〈18〉黒田賢治『イランにおける宗教と国家――現代シーア派の実相』ナカニシヤ出版、二〇一五年、は、宗教界においては専門家教育の制度的合理化が進められ、国家側のイスラーム法学者集団による権威主義的支配が構造化されてきたことを明らかにしている。それは信徒でもある国民とミクロな関わりをもってきた宗教界への間接的な支配を進めることで、国家が宗教的言説空間の制御を可能としてきたことを指し、その具体的な展開について検討を行った。

〈19〉図2にも示したように、両軍の間には、意見調整を行う組織として統合軍事参謀会議が置かれている。行政府の一つとして、防衛省が置かれているが、両軍の兵站を支援する行政機関であり、直接軍を指揮する権限はない。内務省管轄下の治安維持部隊が、両軍への憲兵として監査の役割をもつが、実質的には国内の治安維持にあたっている。もちろん、こうした軍制度と安全保障とは深く関わっている。

〈20〉この点も含め、これまで十分に検討されてこなかったバスィージについては、イランの大学での教育経験を通じてバスィージの政治的重要性に気づいたイラン政治研究者の Saeid Golkar, *Captive Society: The Basij Militia and Social Control in Iran*, Washington D. C. and New York: Columbia University Press, 2015. が統合的な研究を行っている。また日本語でも、二〇〇〇年代半ばのバスィージ組織構造について、佐藤秀信「イラン・イスラーム体制の国民訓育技術」『現代の中東』四六号、二〇〇九年、が広範に解説している。

〈21〉革命防衛隊は戦後の復興期に政府予算を受けながら徐々に傘下に複数の工場や企業を束ねる「財閥グループ」へと発展し、本部を一九九〇年には「ハータム・アル＝アンビヤー（預言者の封印）建設基地」という名に改称した。同社は建設業で著名な存在であり、テヘラン市の地下鉄の建設やテヘラン市の国際空港であるエマーム・ホメイニー国際空港の建設ならびに運営などを行ってきた。また石油産業関連、特に天然ガス関連で強いプレゼンスをもつ企業としても知られている（Youhanna Najdi and Mohd Azhari Bin Abdul Karim, “The Role of the Islamic Revolutionary Guards Corps (IRGC) and the Future of Democracy in Iran: Will Oil Income Influence the Process?” *Democracy and Security* 8(1), 2012, pp.72-89.）。なお革命防衛隊の経済活動については、Frederic Wehrey *et al.*, *The Rise of the Pasdaran: Assessing the Domestic Roles of Iran's Islamic Revolutionary Guards Corps*, Santa Monica, Arlington and Pittsburgh: RAND Corporation, 2009, pp.55-75., Ali Alfoneh, “How Intertwined Are the Revolutionary Guards in Iran's Economy?” *American Enterprise Institute for Public Policy Research*, 2007.［https://www.aei.org/wp-content/uploads/2011/10/20071022_MEno3g.pdf?x88519］（最終閲覧二〇二一年五月二八日）が詳しい。前者によれば、経済活動には本文中でも述べたような合法な企業活動に加え、イラン国外からのアルコール類の密輸など非合法な経済活動に従事しているという指摘もある。またケイワン・アブドリ「「イスラーム革命防衛隊」とイラン経済――「経済アクターである軍隊」の一事例」第三七回日本中東学会、二〇二一年五月十六日、によれば、二〇〇〇年代に通信事業、金融・証券事業に参画し、二〇一〇年代に発電所や製油所を設置してきたように、ますます多岐にわたる事業展開をするようになった。

〈22〉革命防衛隊がネットワークや同胞性によって特徴づけられることはAli Ansari, “The revolution will be Mercantilized,” *The National Interest*, 105, 2010.［http://www.nationalinterest.org/Article.aspx?id 22602］（最終閲覧二〇二一年六月一日）を参照。

〈23〉ホメイニー師による軍の政治参加を牽制する発言についてはM. Mahtab Alam Rizvi, “Evaluating the Political and Economic Role of the IRGC,” *Strategic Analysis* 36(4), 2012, p.589. を参照。

〈24〉国家体制を存続させる安全保障上の要として革命防衛隊の役割が強化されてきたことについては、*Ibid.*, pp.589-590., Elliot Hen-Tov and Nathan Gonzalez, "The Militarization of Post-Khomeini Iran: Praetorianism 2.0," *The Washington Quarterly* 34(1), 2011. の議論を参照。なお軍隊が過度に政治に強い影響をおよぼす状況はプリートリアニズムあるいは衛兵主義（Praetorianism）と呼ばれるが、一九九〇年代末からのイランの状況はそれにあたるという指摘もある（*Ibid.*, pp.49-50.）。

〈25〉革命防衛隊と財団との関係についてはFrederic Wehrey *et al.*, *op.cit.*, pp.57-59., Hesam Forozan, *The Military in Post-Revolutionary Iran: The Evolution and Roles of the Revolutionary Guards*, London: Routledge, 2018, pp.63, 77. を参照。

第2章

〈1〉ここでのイラン・イラク戦争の展開についての説明は、戦後まもなく刊行された軍事専門家の鳥井順『イラン・イラク戦争』第三書館、一九九〇年、による研究を中心にしながら、Afshon Ostovar, *Vanguard of the Imam: Religion, Politics, and Iran's Revolutionary Guards*, New York: Oxford University Press, 2016. や富田健次『アーヤトッラーたちのイラン――イスラーム統治体制の矛盾と展開』第三書館、一九九三年、などを参照している。

〈2〉吉村慎太郎『イラン・イスラーム体制とは何か――革命・戦争・改革の歴史から』書肆心水、二〇〇五年、一三六―一七六頁、富田健次、前掲書、一七六―一八五頁、鳥井順、前掲書、六一―一二八頁。

〈3〉ここでは両国間の直接の戦闘を中心に戦争の概要を記し、軍事経済的に支援した国家群の変遷については米国を除いて記さない。軍事経済的に支援した国家群の動向については、鳥井順、前掲書、などを参照。

〈4〉一九六〇年代半ばに結成されたマルクス主義的なイスラーム解釈を基盤とした政治組織であり、革命後マスウード・ラジャヴィーの指導のもと、ホメイニー主義と対立し、一九八一年中頃から反体制組織としてテロ活動を行った。一九八六年にイラクに活動拠点を置き、イラン・イラク戦争にもイラク側から参戦した。マスウード・ラジャヴィーが「お隠れ」になったあと、妻のマルヤム・ラジャヴィーが組織を指導し、近年でもイラン国外の反体制派組織としてアメリカやフランスで活動を継続してきた。近年の活動については、佐藤秀信「イランの反体制派は故国に戻れるのか？――モジャーヘディーネ・ハルグの現状と展望」『中東研究』五三九号、二〇二〇年、が詳しい。

〈5〉各作戦名の（　）は日本語訳を指し、一般的な人名や地名の場合には省略した。

〈6〉同点についてはRay Takeyh, "The Iran-Iraq War: A Reassessment," *The Middle East Journal* 64(3), 2010, pp.365-383. が詳しい。一方で、戦後にはイラン国内における一種の歴史修正主義的言説も形成された。たとえば、ホメイニー師の息子でやがて改革的な立場をとったアフマド・ホメイニーは、ホメイニー師は戦争続投を望んでいなかったと後に語った（*Ibid.*, p.370）。

〈7〉イラン側における戦争の意思決定プロセスについて、イラン国内の政治状況の変化によって当時の状況が語られるようになったことなどを背景に、国家内のアクターと軍のアクターについて検討した研究も近年行われている（e.g. Mohammad Ayatollahi-Tabaar, "Factional politics in the Iran-Iraq War," *Journal of Strategic Studies* 42(3-4), 2019, pp.480-506.）。なおイラク側の意思決定プロセスについても、二〇〇三年イラク戦争によるサッダーム・フセイン政権の崩壊によって政権内の機密文書が明らかになったことで、大きく研究に進展があった（cf. *Ibid.*, p.480）。

〈8〉イラクによる化学兵器使用の戦略は既に一九八三年初頭に開始されていた。化学兵器の使用についてはRay Takeyh, *op.cit.*, pp.375-377. を参照。

〈9〉中南部戦線でイラク軍への攻撃が難航した背景には、イラク軍による化学兵器使用だけでなく、イランの逆侵攻に対してイラク軍が国境線上に「魚の湖」という人工湖を一九八四年初頭に築くなど防衛戦略をとっていたこともあった。

〈10〉鳥井順、前掲書、五六八頁。

〈11〉*Āzar Qalam*「ハーシェミー・ラフサンジャーニー事務所、決議五九八号に関する機密文書を公開」（二〇一五年十

一月八日）［http://tnews.ir/site/07075160765.html?refc=1］（最終閲覧二〇二一年六月一日）。

〈12〉戦没者数については、論者によって異なる。イラン・イラク戦争の殉教者の表象に焦点をあてた論集を組んだPedram Khosronejad (ed.), *Iranian Sacred Defence Cinema: Religion, Martyrdom and National Identity*, Canon Pyon, U.K.: Sean Kingston Publishing, 2012, p.3. のように三〇万人、五〇万人以上という論者もいる。本書では「殉教者・奉仕者財団」で従事するモハンマド氏に焦点をあてていることから、「公式統計」に従った。なお「公式統計」といえども、時代によって数字が異なる。停戦直後の一九八八年九月十八日のイラン政府の発表では、戦死者一二万三二二〇人、行方不明者六万七一一人、民間の犠牲者一万一〇〇〇人であった（鳥井順、前掲書、五七六頁）。また近年の発表でも戦死者数は異なり、たとえば二〇一六年六月十一日以降の報道では二一万三二五五人となっている（*Qatre*『押しつけられた戦争』の殉教者統計総数がついに公表」（二〇一八年九月二十八日）［http://www.ghatreh.com/news/nn44495370/］（最終閲覧二〇二一年六月一日）、*Akhbār-e Āzādegān, Janbāzān, Shohadā va Īthārgarān*「押しつけられた戦争の殉教者統計総数がついに公表」（二〇一九年七月二十二日）［https://azadeganirankhabar.ir/88184］（最終閲覧二〇二一年六月一日））。統計に変化が生じるひとつの原因として、無名戦士として埋葬されていた人物と遺骨とがDNA鑑定により一致することで戦没者数の重複が改められることがある（*Mehr*「二十二年間で埋葬された無名の殉教者たちの正確な統計とは」（二〇一八年十月十五日）［https://www.mehrnews.com/news/4430505/］（最終閲覧二〇二一年五月二十八日））。また化学兵器を含め受けた戦争中の後遺症をもとに亡くなったことで、遡及して戦没者に含められることがあり、統計に変更が生じる。いずれにせよ、二〇万近くの人間がイラン側だけで戦争で没した。また傷痍軍人は五七万四一〇一人に上る（*Jām-e Jam*「傷痍兵統計」（二〇一八年四月二十一日）［http://jamejamonline.ir/online/3262056295104652518/］（最終閲覧二〇二一年六月一日））。

〈13〉Behrooz Ghamari-Tabrizi, "Memory, Mourning, Memorializing: On the Victims of Iran-Iraq War, 1980-Present," *Radical History Review* 105, 2009, pp.112-113. に基づいて筆者作成。

〈14〉革命防衛隊は発足当初は陸軍だけであったが、一九八二年に空軍、一九八三年に海軍が創設されるとともに、一九八二年には革命防衛隊省が設立され、公式に正規軍の一翼を担うようになった（富田健次、前掲書、六四頁）。

〈15〉設立当初、バーザールガーン首相が直接支配下に置こうとし指揮権をめぐって闘争へと発展したため、穏健なイスラーム法学者ハサン・ラーホーティー師を初代革命防衛隊指導者に任命し解決を図ったが、その後ラフサンジャーニー師、ハーメネイー師へと指導者が交代した（富田健次、前掲書、五九頁）。

〈16〉バスィージの司令官は、それまで大統領と内務大臣によって選出されていたが、一九八〇年七月の法改正により、最高指導者あるいは指導委員会によって選出されるよう変更された（Saeid Golkar, *Captive Society: The Basij Militia and Social Control in Iran*, Washington D. C. and New York: Columbia University Press, 2015, p.14.）。

〈17〉この点については Saeid Golkar, *op.cit.*, p.15. および Frederic Wehrey *et al.*, *The Rise of the Pasdaran: Assessing the Domestic Roles of Iran's Islamic Revolutionary Guards Corps*, Santa Monica, Arlington and Pittsburgh: RAND Corporation, 2009, p.27. が指摘している。

〈18〉ホセイン・ファフミーデはイラクによる制圧宣言に対しても、市街地で徹底抗戦の構えを見せたホッラムシャフルでの攻防戦に参加した。十三歳でバスィージとしてゴムからホッラムシャフルの防衛にかけつけ、一九八〇年十月三十日に対戦車砲がないなか、グレネード弾を体に巻きつけて戦車に特攻攻撃を行った。壮絶な「自己犠牲」をなした彼の勇姿は、幾度にもわたり語り継がれ、停戦後最初のファトフ勲章を授与され、二〇〇〇リヤール札の透かしに肖像が描かれた。

〈19〉Saeid Golkar, *op.cit.*, p.16.

〈20〉ジュネーヴ条約に反したイラン側の少年兵については、戦争中からの批判に加え、さまざまな記録が残されている。たとえば、Ian Brown, *Khomeini's Forgotten Sons: The Story of Iran's Boy Soldiers*, London: Grey Seal, 1990. はイラクのラマディで捕虜となった少年兵たちについてルポルタージュを残している。

〈21〉以下での引用は筆者がモハンマド氏と彼が勤めていた博物館の事務所の執務室で行った二〇一五年十二月のインタビューに基づく。その場には筆者とモハンマド氏、彼の弟とエスマーイール氏がいた。引用部分の〈 〉はその際の彼の仕草を表しており、〔 〕はモハンマド氏の言葉を筆者が補足したことを表している。

第3章

〈1〉ベネディクト・アンダーソン『増補 想像の共同体——ナショナリズムの起源と流行』白石さや・白石隆訳、NTT出版、一九九七年、二四—二五頁。

〈2〉ベネディクト・アンダーソン、前掲書、三二頁。

〈3〉たとえば、政治制度としてイスラーム法学者による解釈が、政治・社会運営上で強い影響力をもってきたことがあげられる。イスラーム法学者の解釈といえども多様であり、またそれぞれの権威性についても多元的である。イスラーム法学者である最高指導者の解釈を、イラン国家にとって最上位の解釈として位置づけ、国家は最高指導者の解釈に反しない範囲で政治・社会運営を行ってきた。ただし最高指導者の解釈に沿った国家の政治・社会運営が、必ずしもイスラーム法の範囲内で行われてきたわけではない。最高指導者の解釈の一つとして、公共性によってイスラーム法を停止させることも行われてきたためである。詳しくは富田健次「ホメイニー師のイジュテハードについて」『中東研究』四五四号、一九九九年、を参照。

〈4〉たとえば、政治学者の Manochehr Dorraj, "Symbolic and Utilitarian Political Value of a Tradition: Martyrdom in the Iranian Political Culture," *The Review of Politics* 59(3), 1997. は、「殉教」をイラン特有の政治文化として指摘する。

〈5〉シーア派と一言で言っても、内部には指導者の後継問題をめぐりいくつかの分派が存在している。イランの多数派の場合、アリー以下一一人の彼と彼の子孫を指導者（イマーム）とし、一二番目の指導者が九世紀半ば以降不可視の状態になり、やがて救世主として再臨するという指導者論をもつ分派一二イマーム派である。正確に記せば一二イマーム・シーア派であるが、本書では単にシーア派と略記する。なお歴史的なシーア派の形成については、Moojan Momen, *An Introduction to Shi'i Islam: The History and Doctrines of Twelver Shi'ism*, New Heaven: Yale University Press, 1985. の他、桜井啓子『シーア派――台頭するイスラーム少数派』中央公論新社、二〇〇六年、菊地達也『イスラーム教「異端」と「正統」の思想史』講談社選書メチエ、二〇〇九年、を参照。

〈6〉殉教を指すシャハーダはムスリムの義務の一つとされる信仰告白と同じ語であり、原義に即せば「証言する」という意味である。この意味でのシャハーダをなすものこそがシャヒード（複数形ショハダー）であり、字義的には「証言する者」を意味する。イスラームの聖典クルアーンにおいても、シャハーダやシャヒードの語は多くの場合「証言する」や「証言する者」の意味で用いられている（David Cook, *Martyrdom in Islam*, Cambridge and New York: Cambridge University Press, 2007, pp.16, 32.）。しかしイムラーン章一四〇節、婦人章六九節などでは、シャヒードとその複数形であるショハダーは、文脈からして、神の教えに従い命を落とした者の意としか解釈できないものとされ、シャヒードに「殉教者」という訳語があてられてきた（*Ibid.*, pp.16-17., David Cook, "Developing Martyology in Islam," in Meir Hatina and Meir Litvak (eds.), *Martyrdom and Sacrifice in Islam: Theological, Political and Social Contexts*, London: I. B. Tauris, 2017, pp.76-77.）。

〈7〉聖典クルアーンにも現れるように、「殉教」そのものはシーア派に限った宗教概念ではなく、聖戦（ジハード）と結びつけられながら歴史的にムスリム社会で用いられてきた。今日においても、パレスチナやコソボといったように、ムスリムの闘争活動を聖戦とみなし、その戦いの死を「殉教」とみなすことも珍しくない（David Cook, *Martyrdom in Islam*, pp.174-184., Meir Hatina and Meir Litvak, (eds.), *Martyrdom and Sacrifice in Islam: Theological, Political and Social Contexts*, London: I. B. Tauris, 2017, pp.99-206.）。

〈8〉Moojan Momen, *op. cit.*, pp.28-30.

〈9〉Michael M. J. Fischer, *Iran: From Religious Dispute to Revolution*, Cambridge: Harvard University Press, 1980. を参照。な

おフィッシャー自身も含め、イランあるいはシーア派社会において普遍的に人々の認識に作用するものとして「カルバラー・パラダイム」が参照されてきた。たとえば、フィッシャーは二〇〇九年にイランで広範に展開した「緑の運動」を「カルバラー・パラダイム」と結びつけるなかで、人々を動員する普遍的認識枠組みとして扱っている（Michael M. J. Fischer, "The Rhythmic Beat of the Revolution in Iran," *Cultural Anthropology* 25(3), 2010, p.513.）。またこうしたフィッシャーの新たな「カルバラー・パラダイム」論を Elizabeth L. Rauh, "Thirty Years Later: Iranian Visual Culture from the 1979 Revolution to the 2009 Presidential Protests," *International Journal of Communication* 7, 2013. らは取り入れてきた。

〈10〉 Kamran Scot Aghaie, *The Martyrs of Karbala: Shi'i Symbols and Rituals in Modern Iran*, Seattle: University of Washington Press, 2004, pp.87-112.

〈11〉 シャリーアティーと彼の著作物をめぐる研究には、革命以降三つの時代的潮流がある。同点については村山木乃実「アリー・シャリーアティー（一九三三―一九七七）の「沙漠」*Kavīr* の分析――「書くこと」の意味合いに着目して」『言語・地域文化研究』二四号、二〇一八年、三六―三七頁、が詳しい。

〈12〉 Assaf Moghadam, "Mayhem, Myths, and Martyrdom: The Shi'a Conception of Jihad," *Terrorism and Political Violence* 19(1), 2007, pp.133-134. を参照。ただし殉教言説が直接的に革命運動の拡大に寄与していたかは慎重に検証する必要がある。革命運動で「殉教」の準備があるというような言説が声高に叫ばれていたことを受け、当時の欧米メディアでは自己犠牲をもいとわない参加者の動機を宗教的動機に基づくものと説明した。しかし一九八〇年代末期にイスタンブールで行ったイラン系住民への聞取り調査を行った中東・イスラーム研究者の Charles Kurzman, "Structural Opportunity and Perceived Opportunity in Social-Movement Theory: The Iranian Revolution of 1979," *American Sociological Review* 61(1), 1996, pp.166-167. は、参加者たちはそもそも運動への参加は安全であると認識していたと指摘する。つまり彼の指摘は、言説を本質主義的に集団にあてはめることの問題を端的に示していると同時に、革命後のイラン社会における言説と個人の関係についても類似する可能性を示している。

〈13〉 Talal Asad, *The Idea of an Anthropology of Islam*, Washington: Center for Contemporary Arab Studies, Georgetown University, 1986.

〈14〉 一九八〇年十二月／一九八一年一月に議会によって、首相職下の福祉目的の関係機構として決議され、最高指導者の承認を受けた（Manīzhe Rabīʿī, "Bonyād-e Shahīd-e Enqelāb-e Eslāmī," in Bonyād Dāyere al-Maʿāref Eslāmī (ed.), *Dāneshnāme-ye Jahān-e Eslāmī*, vol.4, Tehran: Bonyād Dāyere al-Maʿāref Eslāmī, 1377AHS, p.431.）。当初は「イスラーム革命の殉教者財団」という名称で発足したが、二〇〇四年五月八日にハーメネイー最高指導者の命を受けて今日の名称に変更された［http://www.irmf.ir/history/fifth_period.aspx］（最終閲覧二〇二〇年六月八日）。

〈15〉 Ali Abootalebi, "Iran's Struggle for Democracy Continues: Twenty-Five Years after the Revolution," *Middle East Review of International Affairs* 8(2), 2004, p.43., William Bullock Jenkins, *Explaining Iranian Soft Power Capability: A Political Economy of the Islamic Republic's Parastatal Foundations*, Sydney: The Australian National University, 2014, p.vii. を参照。

〈16〉 十八世紀半ば以降のシーア派間では、ムスリムとしての個々人がイスラームに関する知識をもつ義務を、学識あるイスラーム法学者に習従することで免除されることが広く行われるようになった。ホメイニー最高指導者は、学識あるイスラーム法学者のなかでも特に高位にあり、そのようなイスラーム法学者は法学権威と呼ばれた。彼らは習従による宗教的義務の免除に代えて、フムス（五分の一の意）と呼ばれる宗教税を一般信徒から徴収した。ここでいう宗教税もフムスのことを指す。

〈17〉 Suzzane Maloney, "Agents or Obstacles? Parastatal Foundations and Challenges for Iranian Development," in Parvin Alizadeh (ed.), *The Economy of Iran: The Dilemmas of an Islamic State*, London: I.B. Tauris, 2000, p.151., Manīzhe Rabīʿī, *op. cit.*, p.432.

〈18〉 同点については、桜井啓子『現代イラン――神の国の変貌』岩波書店、二〇〇一年、五七頁、も参照。

〈19〉医療支援を行う財団部門として、「治療医療機構」があり、病院や診療所、薬局に加え、製薬工場を運営している。

〈20〉革命後のイランによる対イスラエル外交と反イスラエル組織との関係についてはEva Patricia Rakel, "Iranian Foreign Policy since the Iranian Islamic Revolution: 1979-2006," *Perspectives on Global Development and Technology* 6, 2007. を参照。またヒズブッラーを中心としたレバノンとの関わりについては、端的に解説を行っているMohammad Ataie, "Revolutionary Iran's 1979 Endeavor in Lebanon," *Middle East Policy* 20(2), 2013., Eyal Zisser, "Iranian Involvement in Lebanon," *Military and Strategic Affairs* 3(1), 2011, pp.5-12. を参照。

〈21〉親イスラエルの立場をとるレバノンのマロン派キリスト教政党。一九五八年のレバノン内乱以降、党の武装化とパレスチナ難民排除の立場を進めた。一九八二年にベイルートに暮らすパレスチナ難民を襲撃・虐殺する事件を起こした（サブラー・シャティーラ事件）。

〈22〉Manizhe Rabīʻī, *op. cit.*, p.432. なおレバノン以外にも、リビアやアルジェリア、シリアといったように国外にも事務所を構えて展開してきた。William Bullock Jenkins, *op. cit.*, pp.61-62. はイランのソフト・パワー外交の一翼を担う組織として検討している。

〈23〉シオニストは近代ユダヤ復興運動であるシオニズムを実践する人々を一般的には指すが、ここでいう「シオニスト」は、イスラエルの体制を支持し、パレスチナ人の殲滅を図るイスラエル人を指し、イラン国家にとっての仮想敵にあたる。

〈24〉長期的な支配が予測された権威主義体制下のシリアで大規模な抗議運動が発生した構造的な要因の一つに、アサド政権下の権威主義体制の変容があり、経済の自由化や私有財産化といった経済面での「改革」が、既存の政治経済構造に変化をもたらし、支配の不安定性を引き起こす遠因となった(Raymond Hinnebusch, "Syria: from 'Authoritarian Upgrading' to Revolution?" *International Affairs* 88(1), 2012.)。

〈25〉死者については第三者の統計がないため、二〇二一年三月末の時点においても立場によって、三〇万人台から五〇万人台後半と幅があり、本書では便宜的に数十万とした。他方、難民についてはUNHCR［https://data2.unhcr.org/en/situations/syria］（最終閲覧二〇二一年六月一日）に基づく。

〈26〉 Afshon Ostovar, *Vanguard of the Imam: Religion, Politics, and Iran's Revolutionary Guards*, New York: Oxford University Press, 2016, p.208.

〈27〉 *Ibid.*, p.211., Dina Esfandiary and Ariane Tabatabai, "Iran's ISIS Policy," *International Affairs* 91(1), 2015, p.13. を参照。「人民軍」も含めたシリア軍参加の諸組織に加え、革命防衛隊がシリア内戦で訓練・助言した組織として、シーア派アフガン人部隊である「ファーテミユーン」やシーア派パキスタン人部隊である「ゼイナビユーン」、レバノンのヒズブッラー、カターイブ・ヒズブッラーを含めたイラク系諸民兵組織などがあげられる（貫井万里「イランの対シリア政策――「防衛」か「拡張」か」『グローバルリスク研究』日本国際問題研究所、二〇一九年、七六―八一頁）。

〈28〉 Afshon Ostovar, *op. cit.*, p.213.

〈29〉 貫井万里、前掲論文「イランの対シリア政策」、七一―七三頁、Shahram Akbarzadeh, "Iran and Daesh: The Case of a Reluctant Shia Power," *Middle East Policy* 22(3), 2015, pp.44-45, 47-52. を参照。

〈30〉 米国を中心とした有志連合によってイラクのサッダーム・フセイン政権が崩壊し、新生イラク国家が発足すると、同国のシーア派の民兵組織などもこれに加えるという見方もある。

〈31〉 イエメン北部のサアダ州でフサイン・バドルッラー・フーシーを指導者として従う、イランのシーア派とは異なるザイド派の政治集団。イエメン政府へのサウジアラビアの影響力強化に反対するなか、二〇〇四年九月に軍による指導者フーシーの暗殺をきっかけに、彼の支持者によって反政府武装闘争が発展していった。アンサールッラーについては、Marieke Brandt, *Tribes and Politics in Yemen: A History of the Houthi Conflict*, Oxford: Oxford University Press, 2017. を参照。

〈32〉 Thomas Juneau, "Iran's Policy towards the Houthis in Yemen: A Limited Return on a Modest Investment," *International*

Affairs 92(3), 2016, pp.647-650, 656-660.

〈33〉ザイナブは、シーア派初代指導者アリーと預言者ムハンマドの娘ファーティマとの間に生まれた娘である。彼女の霊廟は一九七〇年代以降に、シリア政府とシーア派のイスラーム法学者によって政治資源化されるとともに、シリア国内にある他のシーア派の宗教的重要施設も整備・拡充された（安田慎『イスラミック・ツーリズムの勃興——宗教の観光資源化』ナカニシヤ出版、二〇一六年、六六—八〇頁）。イラン・イラク戦争後に国外への出国制限が緩和されたイランから、それらの宗教的重要施設に訪れる参詣者が増加すると、観光産業と結びつきながらさらに発展していった（同書、一〇四—一三一頁、Fariba Adelkhah, "Moral Economy of Pilgrimage and Civil Society in Iran: Religious, Commercial and Tourist Trips to Damascus," *South African Historical Journal* 61(1), 2009, pp.39-40.）。なおイランの名目的な派兵理由が「聖地防衛」であることは、Afshon Ostovar, *op. cit.*, pp.217-219., 貫井万里、前掲論文、七〇—七一頁、を参照。

〈34〉アブー・マフディー・ムハンディスは、在イラン亡命イラク政府下のバドル軍の司令官としてイラン・イラク戦争にイラン側として参加するなど、一九八〇年代から革命防衛隊と密接な関係をもっていた。なお同点および対「イスラーム国」戦争における革命防衛隊とバドル軍との関係については、松永泰行「あの「聖なる防衛」をもう一度か？——イラン・イスラーム革命防衛隊のイラクの対「イスラーム国」戦争支援の背景」『中東研究』五二四号、二〇一五年、を参照。

〈35〉*Mehr*「ガーセム・ソレイマーニー司令官の殉教に準じたアスリートたちからのメッセージ／殉教おめでとう」（二〇二〇年一月三日）[https://www.mehrnews.com/news/4814601]（最終閲覧二〇二一年六月一日）。

〈36〉人類学者のYounes Saramifar, "Lamenting the Real and Crying for the Really Real: Searching for Silences and Mourning Martyrdom amongst Iranian Volunteer Militants," *The Australian Journal of Anthropology*, 29(3), 2018. は、シーア派の志願兵として戦場に赴く若者たちの動機を宗教儀礼と関連させながら説明する。彼によれば、宗教儀礼を通じた言語化

できない現実を経験しながら、自身に起こる夢などの非現実的体験を現実として経験していくことによって自発的に志願兵となる動機が形成されていくという。

〈37〉 アサド政権側で革命防衛隊の作戦と連携したアフガン人部隊であるファーテミユーンについては、そのリクルーティングについて *Human Rights Watch*「イラン――シリアで戦うためにリクルートされたアフガン人の子供たち」(二〇一七年十月一日)[https://www.hrw.org/news/2017/10/01/iran-afghan-children-recruited-fight-syria/](最終閲覧二〇二一年六月一日)などからも批判があり、動機をめぐって主体的な選択であるとはいい難い。同部隊の成員は、アフガニスタン本国に加え、イラン国内のアフガン難民からリクルーティングが行われてきた。就労や教育などアフガン難民への制限があるなかで、兵士となることは一種の就職の機会であり、また遺族となったとしてもイラン国籍が付与されるといった保障があるなど、経済的に困窮した個人にとって選択せざるを得ない側面がある。

〈38〉 同事件を通じた「殉教者」言説をめぐる展開についてはRavinder Kaur, "Sacralising Bodies: On Martyrdom, Government and Accident in Iran," *Journal of the Royal Asiatic Society* 20(4), 2010. を参照している。

〈39〉 *Hamshahrī*「伝記――モハンマド・キャルバラーイー・アフマド(一三三六―一三八四)」(二〇一五年六月二十八日)[https://www.hamshahrionline.ir/news/138913/](最終閲覧二〇二一年六月一日)。

〈40〉 たとえば、*Tasnīm*「航空機事故の名誉殉教者たちと殉教者ソレイマーニー中将の葬儀がガズヴィーンで開催」(二〇二〇年一月十五日)[https://www.tasnimnews.com/fa/news/1398/10/25/2182262/](最終閲覧二〇二一年六月一日)など。

第4章

〈1〉 Markaz-e Āmār-e Īrān, *Natāyej-e Tafṣīlī: Sarshomārī-ye 'Omūmī-ye Nufūs va Masken 1396*, Tehrān: Markaz-e Āmar Īran, 1397(AHS), pp.129-134.

〈2〉 歴史言説における記憶の意味の学術的展開について検討したKerwin Lee Klein, "On the Emergence of Memory in

Historical Discourse," *Representations* 69, 2000, pp.127. は、ヨセフ・ハイーム・イェルシャルミ『ユダヤ人の記憶 ユダヤ人の歴史』木村光二訳、晶文社、一九九六年、やピエール・ノラ編『対立（記憶の場――フランス国民意識の文化＝社会史第一巻』谷川稔監訳、岩波書店、二〇〇二年、の原著が登場し、それらに影響を受けて一九八九年に学術雑誌 *History and Memory* が創刊されたことに基づき、一九八〇年代を一般に歴史言説をめぐって学術的に記憶の重要性が認識された始まりに据えている。

〈3〉ピエール・ノラ「序論　記憶と歴史のはざまに」長井伸仁訳、ピエール・ノラ編、前掲書、三一―三二頁。

〈4〉ピエール・ノラ編、前掲書、三七頁。

〈5〉ポール・リクール『記憶・歴史・忘却（下）』久米博訳、新曜社、二〇〇五年、二三六―二四九頁。

〈6〉リクールの政治哲学的な忘却をめぐる議論の有効性は、フランスに限ったことではない。たとえば飯田芳弘『忘却する戦後ヨーロッパ――内戦と独裁の過去を前に』東京大学出版会、二〇一八年、は、リクールを参照しながら、第二次世界大戦後のフランス、イタリア、民主化の第三の波が起こった一九七〇年代の南欧諸国を例に、旧体制をめぐる制度的な忘却が戦後デモクラシーや民主化に不可欠であったことを実証的に明らかにしている。

〈7〉Lara Deeb and Jessica Winegar, "Anthropologies of Arab-Majority Societies," *Annual Review of Anthropology* 41, 2012, p.548., Sondra Hale, "The Memory Work of Anthropologists: Notes toward a Gendered Politics of Memory in Conflict Zones: Sudan and Eritrea," in Sherine Hafez and Susan Slymovics (eds.), *Anthropology of the Middle East and North Africa: Into the New Millennium*, Bloomington and Indianapolis: Indiana University Press, 2013, pp.125-135.

〈8〉Susan Slyomovics, *The Object of Memory: Arab and Jew Narrate the Palestinian Village*, Philadelphia: University of Pennsylvania Press, 1998. では、イスラエル人が入植しエイン・ホドと呼ばれるようになった、パレスチナ人がかつて暮らしていたエイン・フードという村落について、パレスチナ人側の語りとイスラエル人側の語りの双方に焦点をあてながら、場とアイデンティティとの関係などについて検討している。

〈9〉本データは黒田賢治『博物館検索データベース　イラン編』国立民族学博物館現代中東地域研究拠点、二〇一八年［https://www.minpaku-cmmes.com/iran.php］（最終閲覧二〇二一年六月一日）に、二〇一八年に完成したタブリーズの聖地防衛庭園博物館、二〇一九年に完成したゴム、建設中のギーラーン州、ケルマーンシャー州の博物館を加えている（*ISNA*「タブリーズの聖地防衛博物館庭園が開園」（二〇一六年二月四日）［http://www.iribnews.ir/fa/news/2023533/E21］（最終閲覧二〇二〇年六月八日）、*Rasā*「聖地防衛週間にゴムの聖地防衛庭園が開園」（二〇一八年七月十日）［https://rasanews.ir/fa/news/612683/］（最終閲覧二〇二一年六月一日）、*Tasnīm*「聖地防衛戦争遺産保存財団長――ケルマーンシャーの聖地防衛博物館庭園を建設予定」（二〇一九年七月二日）［https://www.tasnimnews.com/fa/news/1398/10/12/2172712/］（最終閲覧二〇二一年六月一日）、*Tasnīm*「ギーラーンの聖地防衛博物館の移転に五〇〇億トマーン〔五〇〇〇億リヤール〕を拠出」（二〇一九年十一月十九日）［https://www.tasnimnews.com/fa/news/1398/08/28/2142743/5］（最終閲覧二〇二一年六月一日））。またエスファハーンの聖地防衛庭園博物館については屋外展示が完成したものの（*IRNA*「エスファハーン・聖地防衛博物館が今年運営開始予定」（二〇一八年十月十日）［https://www.irna.ir/news/83050054/］（最終閲覧二〇二一年六月一日））、二〇一九年十二月二十一日に行った臨地調査により屋内の博物館部分が完成していないため、建設中に加えた。

〈10〉黒田賢治、前掲データベースをもとに筆者作成。

〈11〉「殉教者」を専門に展示する博物館以外にも、アバダーン博物館のように地域の総合博物館の一角に展示が設けられている場合もある［https://www.kojaro.com/2016/5/30/119434/abadan-museum-a-tourist-attraction-of-khuzestan/］（最終閲覧二〇二一年六月一日）。また著名な「殉教者」の自宅を修復保存し、関連物を展示しながら公開している場合もある。たとえば、テヘラン市一〇区の著名な「殉教者」兄弟であるエグバーリーの生家があげられる（*Defā‘ Press*「「殉教者エグバーリー兄弟」博物館――文化と奉仕の家」（二〇一六年九月二十三日）［https://defapress.ir/fa/news/105125/］（最終閲覧二〇二一年六月一日））。

〈12〉 Christiane J. Gruber, "The Martyrs' Museum in Tehran: Visualizing Memory in Post-Revolutionary Iran," *The Journal of Visual Anthropology* 25(1-2), 2012, pp.74-92.

〈13〉 タスビーフは数珠であり、九九あるいはその約数である三三の球からなる。モフルは大地に平伏する伝承に従うシーア派の間で礼拝の際に用いられる、素焼きの土で作られた印章である。

〈14〉 *Ibid.*, pp.74, 78-79.

〈15〉 日本の戦争関連の博物館においても、本格的な資料の保存管理については比較的近年に始まったに過ぎず、いまだに十分な資料保存が行われていないというのが現状である。たとえば日本の代表的な戦争博物館の一つである知覧特攻平和会館においてすら二〇一三年に保存検討委員会を立ち上げ、二〇一五年に保存管理計画が策定され、以降漸次実施されてきたに過ぎない（知覧特攻平和会館「知覧特攻平和会館における保存への取組み」『知覧特攻平和会館紀要』一号、二〇一九年）。

〈16〉 Marine Fromanger, "Variations in the Martyrs' Representations in South Tehran's Private Spaces," *Visual Anthropology* 25(1-2), 2012, p.65.

〈17〉 イスラーム神秘主義は、神の存在を経験する実践であり学問体系として長い歴史をもっている。限られた知的エリートの間で始まったその実践は、十三世紀頃から一般のムスリムにも広がりを見せるとともに「教団」化も進み、なかには政治的に重要な役割を担う「教団」も現れた。十六世紀に成立し、イランのシーア派化に寄与したサファヴィー朝も、元をたどればサファヴィー教団という神秘主義教団であった。しかし今日のイランのシーア派の間では、一般的には実践的・経験主義的な神秘主義ではなく、叡智学（ヒクマ哲学）として神の叡智を理解する学問としての神秘主義が行われるにとどまる。

〈18〉 大別すると一般の死者の埋葬区画と「殉教者」区画に分かれるが、一般区画にも音楽家、芸術家などの職業別の区分が緩やかに設けられている［http://beheshtezahra.tehran.ir/Default.aspx?tabid=87#/5142-］（最終閲覧二〇二一年六月一日)。

〈19〉シーア派のハディースによって、信仰者、不信仰者にかかわらずいつかは定かでないものの、死者が金曜日に家族の元を訪れるという伝承に基づく。詳細については、*Khabarnegārān-e Javān*「何故死者は木曜の正午から金曜の正午に自由になるのか?」(二〇一七年十一月二十三日)[https://www.yjc.ir/fa/news/6333758/](最終閲覧二〇二一年六月一日)を参照。

〈20〉日本語では、遺書、絶筆、辞世の句はそれぞれ別のものとして扱われるが、ペルシア語の「遺書」の場合、その境界は曖昧である。モハンマド氏のインタビューに随行した際、血によって戦車の操縦席に残されたメッセージを「遺書」として捉える遺族の語りもあり、遺族がどう捉えるかということも定義に関わっている。戦没者たちの「遺書」について分析を行ったMateo Mohammad Farzaneh, "Shi'i Ideology, Iranian Secular Nationalism and the Iran-Iraq War (1980-1988)," *Studies in Ethnicity and Nationalism* 7(1), 2007, p.96. によれば、「遺書」の内容は革命防衛隊の隊員たちであれば、九五%が宗教的言説によって埋められていた。それに対し、バスィージ(志願兵)の場合には宗教的言説については六割にとどまり、残りの四割は家族のことなど世俗的な内容が占めると言われている。「遺書」の例については、桜井啓子『現代イラン——神の国の変貌』岩波書店、二〇〇一年、四八—五四頁、を参照。

〈21〉二〇一六年九月に取材に同行した際には、編集したアルバムのサンプルを持っており、インタビューを終えた後、インタビュー相手に見せて説明していた。

〈22〉このほかにも、ムスリムの聖地マッカのカアバやシーア派の聖地カルバラーのホセイン廟といったシンボリックな聖地や、革命イランにとっての最大の仮想敵である大悪魔アメリカを非難する壁画も描かれた(Houchang E. Chehabi and Fotini Christia, "The Art of State Persuasion: Iran's Post-Revolutionary Murals," *Persica* 22, 2008, 6-7.)。近年では、芸術的な壁画がコンペを経て描かれることも少なくないものの、表象をめぐるポリティクスが展開している(Christiane J. Gruber, "The Message is on the Wall: Mural Arts in Post-revolutionary Iran," *Persica* 22, 2008.)。

〈23〉*Ibid.*, p.17., Pamela Karimi, "Imagining Warfare, Imagining Welfare: Tehran's Post Iran-Iraq War Murals and their Legacy," *Persica* 22, 2008, p.48., Ulrich Marzolph, "The Martyr's Way to Paradise Shiite Mural Art in the Urban Context," *Ethnologia Europaea* 33(2), 2003.

〈24〉テヘラン市内でわずか一四〇人の「殉教者」だけが描かれ、限られた戦没者だけに焦点があてられることに、戦没者／「殉教者」遺族からの批判も浴びてきた（Pamela Karimi, *op. cit.*, p.61）。

〈25〉戦後復興のなかで人々の幸福を促進するために敢えて非政治的テーマを壁面に描く人々も現れた。その代表はフィールーゼ・ゴルモハンマディー氏である。ジャラールッディーン・ルーミー（一二〇七―一二七三）やアッタール（一一四五―一二二一）などのイスラーム神秘主義詩人に影響を受けた彼女は、現代的なタッチで神秘主義的世界観を表現した作品を壁面に生み出した。彼女たちは、政府のプロパガンダを、神秘主義を媒介として「伝統の枠内」で抽象化させながら作品を生み出していった。

〈26〉「殉教者」やイラン・イラク戦争に関連した壁画のスポンサーとなったのは、一九八〇年代以降、殉教者財団が中心であり続けたが、一九九〇年代や二〇〇〇年代前半には、慈善財団や文化財団、社会組織なども加わった（Christiane J. Gruber, *op. cit.*, p.38.）。

〈27〉ウルリッヒ・マルゾルフは、ガージャール朝期のキャンバス画やタイルワークを手がかりとした楽園についてのイメージと、現代のテヘラン市街の建物の壁面に描かれた楽園のイメージとを比較研究している。それによると、現代の壁画にはガージャール朝期からの影響を受けつつも近年のリアリスティックな独自の描き方がなされているように、「伝統」的技法と現代の西洋の絵画から影響を受けた技法とを折衷しようとする試みが行われている（Ulrich Marzolph, "Images of Paradise in Popular Shi'ite Iconography," in Sebastian Günther, Todd Lawson and Chistian Mauder (eds.), *Roads to Paradise: Eschatology and Concepts of the Hereafter in Islam* 2, Leiden: Brill, 2017.）。

〈28〉Pamela Karimi, *op. cit.*, p.55が「目に見えない背景」になったと指摘したことに対し、Bill Rolston, "When

Everywhere is Karbala: Murals, Martyrdom and Propaganda in Iran," *Memory Studies* 13(1), 2020. は記憶と権力との関係に着目しつつ、「カルバラーの物語」を利用しながら、プロパガンダ壁画が大衆動員とともに、エリートの権力強化と批判者の権力の周縁化に作用することを論じている。

〈29〉プロパガンダを目的とした壁画も、新たに描き直されてきた。イラン・イラク戦争のドキュメンタリー映画監督モルテザー・アーヴィーニーの壁画のように、題材とされる「殉教者」は同じでも、その描き方は一九八〇年代や一九九〇年代とは異なっていった。一九八〇年代に描かれた「殉教者」は、静的な肖像画か、血みどろのリアリスティックな様子であった。それが二〇〇〇年代後半以降には、チューリップや白ハトなどの象徴を用いて、抽象的に「殉教」が表現されるようになっていった（Ulrich Marzolph, "The Martyr's Fading Body: Propaganda vs. Beautification in the Tehran Cityscape," in Christiane J. Gruber and Sune Haugbolle (eds.), *Visual Culture in the Modern Middle East: Rhetoric of the Image*, Bloomington: Indiana University Press, 2013.）。

〈30〉Asef Bayat and Baktiari Bahman, "Revolutionary Iran and Egypt: Exporting Inspirations and Axieties," in Nikkie R. Keddie and Rudolph P. Matthee (eds.), *Iran and the Surrounding World: Interations in Culture and Cultural Politics*, 2002, p.314.

〈31〉*Mehr*「ハーレド・エスラームブーリー通りの名がエンテファーデ通りに変更」（二〇〇四年一月六日）［https://www.mehrnews.com/news/49941/］（最終閲覧二〇二一年六月一日）。

〈32〉Toloo Riazi, "The Politics of Naming Public Spaces in Tehran," *Culture, Health & Sexuality: An International Journal for Research, Intervention and Care* 21(10), 2019, p.1147.

〈33〉*Khabargozārī-ye Dāneshgāh-e Āzādī-ye Eslāmī*「テヘラン市第四区市役所がある庭園から殉教者の名前を削除」（二〇一九年五月二十九日）［https://ana.ir/fa/news/58/370205/］（最終閲覧二〇二一年六月一日）。

〈34〉*Mashreq*「通りから殉教者の名前やタイトルが除去されることが継続するシナリオ」（二〇一九年九月十六日）［https://www.mashreghnews.ir/news/993052/］（最終閲覧二〇二一年六月一日）。

〈35〉 Fatemeh Shams, "Literature, art, and ideology under the Islamic Republic: An Extended History of the Center for Islamic Art and Thoughts," in Kamran Talattof and Ahmad Karimi Hakkāk (ed.), *Persian language, Literature and Culture: New leaves, Fresh Looks*, London: Routledge, 2015, pp.180-182. は革命後の文芸の発展と「イスラーム芸術・思想センター」との関係を描くなかで、アーヴィーニーについても革命後の文学史の文脈に位置づけながら論じている。

〈36〉 Roxanne Varzi, *Warring Souls: Youth, Media, and Martyrdom in Post-Revolution Iran*, Durham: Duke University Press, 2006, p.89.

第5章

〈1〉 革命後のテヘランの都市計画は、国外からの資本投資が途絶えた革命後からイラン・イラク戦争終結までの停滞時期、新たに五つの衛星都市を設置しながら二二行政区へと分割した都市の拡大と行政機能の中心化計画を進めた戦後復興期、戦後復興期の計画を民主的に見直しながら再設計していった改革期といったように、政治状況の変化と並行しながら進められた。テヘラン市の都市計画については、Ali Madanipour, "Urban planning and development in Tehran," *Cities* 23(6), 2006, pp.435-436. を参照。

〈2〉 家系やエスニック集団の重要性もさることながら、階層（クラス）はイラン社会を理解するうえで無視できない概念として捉えられてきた。ガージャール朝から革命前までのイランにおける階層構造と変容についての古典的研究として、Ervand Abrahamian, *Iran: Between Two Revolutions*, Princeton: Princeton University Press 1982., Fred Halliday, *Iran: Dictatorship and Development*, New York: Penguin Books, 1979. を参照。また革命後から一九八〇年代のイランにおける階級闘争については、Mansoor Moaddel, "Class Struggle in Post-Revolutionary Iran," *International Journal of Middle East Studies* 23(3), 1991. を参照。

〈3〉 この点については、マルジャン・サトラピ『ペルセポリスII——マルジ、故郷に帰る』園田恵子訳、バジリコ、二〇〇五年、がマンガによって、イランの革命後の若者文化について皮肉を交えながら描いている。また Shahram Khosravi, *Young and Defiant in Tehran*, Philadelphia: University of Pennsylvania Press, 2007. が興味深い民族誌を残している。

〈4〉 *Ibid.*, p.454.

〈5〉 Roxanne Varzi, *Warring Souls: Youth, Media, and Martyrdom in Post-Revolution Iran*, Durham: Duke University Press, 2006.

〈6〉 今日のイランではイスラーム神秘主義の実践がひそかに行われているものの、実践的・経験主義的な神秘主義についてはイスラーム法学者により強く否定されるだけでなく、公に行うことは迫害の可能性もある。たとえば、宗教都市ゴムにスーフィー（神秘主義者）の一団が訪れた際に、放水車によって排除された事件などが実際に起こってきた（*Radio Free Europe Radio Liberty*「イラン――ゴム当局がスーフィーを弾圧」（二〇〇六年二月十六日）[https://www.rferl.org/a/1065846.html]（最終閲覧二〇二一年六月一日））。

〈7〉 Asghar Seyed-Gohrab, "Martyrdom as Piety: Mysticism and National Identity in Iran-Iraq War Poetry," *Der Islam* 87, 2012.,; Mahnia A. Nematollahi Mahani, *'Do not Say they are Dead': The Political Use of Mystical and Religious Concepts in the Persian Poetry of the Iran-Iraq War (1980-88)*, Doctoral thesis at Faculty of the Humanities, Leiden University, Leiden: Leiden University, 2014.

〈8〉 イラン・イラク戦争を題材とした記録映画は、同時代においても「公的」に作成された。なかにはバスィージ部隊によるものもあった。わずか十二時間だけのトレーニングを受け、八ミリフィルムカメラによる撮影部隊が編成された（Hamid Naficy, *A Social History of Iranian Cinema, Volume 3: The Islamicate Period, 1978-1984*, Durham: Duke University Press, 2012, pp.9-10.）。彼らによって前線のバスィージ（志願兵）たちの行動や殺害、死を記録したフッテージ（未編集のフィルム）が残された。それらのフッテージを編集し『ムハッラム〈月〉におけるモハッラム〈作戦〉』や『四〇の証言、第二の語り――ホッラムシャフルの解放』といった作品が作られた（*Ibid.*, p.11.）。

〈9〉彼の最も著名な長編作で、一九八〇年代にテレビでシリーズとして放映され、前線での兵士の日常に焦点をあてた「勝利の物語」はその際たる例である。この作品では一九八六年二月九日に開始されたイランの逆侵攻作戦の一つであった「ヴァルファジュル第八号作戦」から戦争終結まで彼が従軍し、五期にわたって六三エピソードを作成した。その始まり「アーシューラーの夜」は、テヘランのバスィージの出征式から始まり、しばらくすると前線の映像へと移っていく。前線の兵士たちにカメラを向け、作業をやめている兵士に出身地や志願した動機などをインタビューしていく。撮影された姿が現世で生きる最後の姿となった者もいれば、インタビューへの応答を拒否する者もいる。前線の情景を映しながら、詩のように韻を踏んだ語りでアーヴィーニーのナレーションが吹き込まれる。詳しくは Fatemeh Shams, "Literature, art, and ideology under the Islamic Republic: An Extended History of the Center for Islamic Art and Thoughts," in Kamran Talattof and Ahmad Karimi Hakkāk(ed.), *Persian language, Literature and Culture: New leaves, Fresh Looks*, London: Routledge, 2015, p.181. を参照。

〈10〉Nacim Pak-Shiraz, *Shi'i Islam in Iranian Cinema: Religion and Spirituality in Film*, London and New York: I. B. Tauris, 2011, pp.49-50.

〈11〉Roxanne Varzi, *op. cit.*, pp.77-78, 86.

〈12〉マイホームをもつことを夢みるテレビ局のカメラマン、サーデグは、住宅「ローン」を組むために前線近くの取材に同行する。死を恐れない上司のキャマーリーとともに取材に出かけ、調子よく虚勢を張った言動を上司には見せるが、生きることが重要な彼は、本心では戦場を取材することを恐れていた。そのため、あの手この手を使って前線から遠ざかろうとする。しかし、やることなすことが、ことごとく裏目に出てしまい、どんどん最前線に近づいていく。そしてついには最前線真っただなかでイラク軍の戦車と向かい合うことになる。彼を守り対戦車砲を撃っていた老齢のバスィージ(志願兵)が傷つくなか、彼は恐怖に打ち勝ち、ついには自身で対戦車砲を撃ち放つ。それは彼の妻が夢のなかで見た光景そのものであった。サーデグは一台の戦車を撃ち、喜びもつかの間、新たな戦車に向かい合い対戦車砲を撃ち放つ。向かってきた戦車に命中するも、戦車側も被弾する前に彼らに向かい主砲を放ち、彼はその爆風で倒れてしまう。気がつくと病院であり、家族らと見舞いに訪れたキャマーリーに、再び前線に行く準備ができていることを告げ、幕が下りる。

〈13〉ファーラービー映画財団は、イスラーム文化指導省の傘下に設置され、「聖なる戦い」を題材とした映画を一九八三年ごろから製作してきた。当初の作品は、「聖なる戦い」であることを体現するプロパガンダ的側面が強く、映画には明確なメッセージ性や主人公たちの英雄性があった。しかし戦争終結後、戦争についてのイデオロギーをやや相対化した映画作品が作られるようになった（Pedram Partovi, "Martyrdom and the "Good Life" in the Iranian Cinema of Sacred Defense," *Comparative Studies of South Asia, Africa and the Middle East* 28(3), 2008, p.516.）。ここでの『ライラは我とともにあり』の解釈は、*Ibid.* に基づいている。

〈14〉Roxanne Varzi, *op. cit.*, p.257.

〈15〉七世紀のアラビア語詩を原型にしながら、神の愛をめぐる神秘主義の寓意としても読まれてきた。

〈16〉公開許可の取り消しの背景には、イスラーム法学者による同作に対する批判があった。しかし非公式の場ながら、二〇二〇年十二月にハーメネイー最高指導者はジョークをめぐる賛否の問題として、同作についても肯定的な見解を示した。*Entekhāb*「映像 映画『とかげ（マールムーラク）』についての最高指導者の見解」（二〇二〇年十二月二十四日）[https://www.entekhab.ir/fa/news/592067/]（最終閲覧二〇二一年六月一日）。

〈17〉Narges Bajoghli, *Iran Reframed: Anxieties of Power in the Islamic Republic*, Stanford: Stanford University Press, 2019, pp.104-108.

〈18〉革命後の検閲制度の成立は、革命以前において文化活動をめぐる表現の自由があったということを意味しているわけではない。革命前にはコンテンツそのものの禁止は行われなかったものの、政治風刺や王政批判などに関わる表現は、別件逮捕や活動妨害などによって規制され間接的な「検閲」が行われてきた。

〈19〉ここでの革命後ポピュラー音楽の展開については、Ameneh Youssefzadeh, "The Situation of Music in Iran since the Revolution: The Role of Official Organizations," *British Journal of Ethnomusicology* 9(2), 2000., Heather Rastovac, "Contending with Censorship: The Underground Music Scene in Urban Iran," *Intersections* 10(2), 2009., Nahid Siamdoust, *Soundtrack of the Revolution: the Politics of Music in Iran*, Stanford: Stanford University Press, 2017. に基本的には準じている。なお現代イランにおけるポピュラー音楽の形成と革命の展開については、椿原敦子「イラン大衆音楽の空間的構成をめぐる考察——伝統と近代の二項対立を超えて」『龍谷大学国際社会文化研究所紀要』二一号、二〇一九年、椿原敦子「イランにおける「ポピュラー」音楽の変遷——高尚／低俗の二項対立を超えて」西尾哲夫・水野信男編『中東世界の音楽文化——うまれかわる伝統』スタイルノート、二〇一六年、も参照。

〈20〉チャーヴーシュ文化芸術協会から一九七九～一九八三年に発表された貴重な「古典音楽」が、曲調や歌にもたらした影響については、現代イラン音楽の発展について検討したArman Goharinasab and Azadeh Latifkar, "The Influence of Political Evolutions on the Modernization Process of Persian Music," *Proceedings of International Conference on Humanities, Society and Culture*, 2013, pp.49-50. を参照。また同協会の概要については、Nahid Siamdoust, *op. cit.*, pp.87-97. も参照。

〈21〉ギリシア哲学における「音楽」には英雄の叙事詩なども含まれ、今日の音楽の範疇よりも広い範囲を指す。プラトンだけではなく、アリストテレスなども「音楽」の徳への作用について論じている。なおギリシアの哲人政治が中世イスラームの哲学者ファーラヴィーによって有徳都市として再構築され、さらにはホメイニー師の政治理論にも影響してきたように、シーア派の学問体系ではギリシア哲学の遺産が引き継がれてきた。この点については富田健次「革命のイスラーム——ホメイニーとハータミー（イスラームを思想する人々）」小松久男・小杉泰編『現代イスラーム思想と政治運動』（イスラーム地域研究叢書二）東京大学出版会、二〇〇三年、を参照。

〈22〉革命以前に音楽産業に携わった人々は、革命後には国外へと脱出し、アメリカのロサンゼルスを中心とした南カリフォルニアで「イラン音楽」を作成するようになった。それらはやがてイラン本国でも道端などで販売された。同点については、Hamid Naficy, "Identity Politics and Iranian Exile Music Videos," *Iranian Studies* 31(1), 1998, pp.229-247. を参照。

〈23〉椿原敦子、前掲論文「イラン大衆音楽の空間的構成をめぐる考察」、六九頁。

〈24〉たとえば、Theresa Steward, "Beyond a Politicization of Persian Cats: Representing Iranian Popular Musicians in the Western Media," *Middle East Journal of Culture and Communication* 13(1), 2020. は、『ペルシア猫を誰も知らない』を通じて理解されるイランのポピュラー音楽シーンへの「オリエンタリズム的視点」を批判しつつ、許容される曲のジャンルについての理解について再検討を促している。

〈25〉Laudan Nooshin, "Underground, Overground: Rock Music and Youth Discourses in Iran," *Iranian Studies* 38(3), 2005, p.464.

〈26〉たとえば、イランのメタル音楽についての研究を行ったJeremy David Prindle, *The Dvil's Prayers: Metal Music in Iran*, Master Thesis at the University of Utah, 2014, p.128. は、革命第三世代のメタル音楽家たちが、イランにおけるメタル音楽の理解の低さから、メタル音楽を理解するグローバルな共同体を志向していると指摘する。

〈27〉Heather Rastovac, *op. cit.*, p.284. のように、同政権が西洋音楽の禁止を進めてきたと捉える研究者もいる。

〈28〉たとえば、二〇一〇年代初頭に行われたMohammad Hassan Lotfi, Amir Houssain Aminian and Aghdasea Ghomizadea, "Leisure Times Status Amongst Students of Shahid Sadoughi University of Medical Sciences -Yazd, Iran," *International Journal of Sport Management Recreation & Tourism* 7, 2011. によるイラン国内の大学生を対象とする余暇の過ごし方についての調査では、過ごし方の一つとして六三・七％がポピュラー音楽を聴いて過ごすことをあげている。

〈29〉たとえば、Pop music（http://pop-music.ir）やNex1music（https://nex1music.ir）である。後者については、のちに政府系ドメインからnex1music.com/に変更された。

〈30〉上記のPop musicというウェブサイトで二〇一九年八月までにリリースされた楽曲を例にあげれば、『聖域の防衛者』と題した楽曲をリリースした一五名のアーティストなどがあげられる。また類似の『聖域の防衛者たち』と題した楽曲をリリースしたアーティストとして、後述するアリーレザー・エフテハーリーの他三名があげられる。

〈31〉 https://masaf.ir/masafmusic/post/17636（最終閲覧二〇二一年六月一日）。

〈32〉 *Hamshahrī*「伝記——アリーレザー・エフテハーリー・マフャーリー（一三三七年〜）」（二〇〇九年十二月十五日）[https://www.hamshahrionline.ir/news/97242/]（最終閲覧二〇二一年六月一日）。

〈33〉 *Agig*「大集会「あなたの御前に参りました」に哀悼歌手ハッジ・メフディー・サラフシュールが出席」（二〇一四年六月二十四日）[https://aghigh.ir/fa/news/31157/]（最終閲覧二〇二一年六月一日）。

〈34〉 ①統合参謀本部長、②テヘラン市長、③国軍最高司令官、④革命防衛隊最高司令官、⑤治安維持部隊最高司令官、⑥国防兵站大臣、⑦イラン国営放送局長官、⑧聖地防衛遺産保存・出版財団の理事長、⑨殉教者財団理事長、⑩テヘラン市議会議長、⑪⑫⑬統合参謀本部長とテヘラン市長の合意により選出される、聖地防衛の専門家三名からなる。このうち、聖地防衛遺産保存・出版財団とは、一九九〇年に統合参謀本部で設置が決められ、最高指導者命令を経て創設された統合参謀本部傘下の財団。「聖地防衛博物館」への参加や財団名にも示されたイラン・イラク戦争関連の著作物の刊行に加え、各種殉教者に関するイベントの組織やイラン・イラク戦争の前線地へのツアーの組織を主な業務としている[http://bonyaddefa.ir/page/show/id/84/]（最終閲覧二〇二一年六月一日）。なお⑪⑫⑬の聖地防衛の専門家三名について、統合参謀本部長とテヘラン市長とが合意に至らない場合には理事会によって選出される。http://iranhdm.ir/web/guest/%D8%AF%D8%B1%D8%A8%D8%A7%D8%B1%D9%87-%D9%85%D8%A7/（最終閲覧二〇二一年六月一日）。

〈35〉 イランにおける核開発の史的展開については、Michele Gaietta, *The Trajectory of Iran's Nuclear Program*. New York: Palgrave Macmillan, 2015. を参照。同書ではパフラヴィー朝期の一九五七年から二〇一二年までの史的展開について概説している。また二〇一五年の核合意については、イランの外交方針ならびに中東各国への影響について解説した Nader Entessar and Kaveh L. Afrasiabi, *Iran Nuclear Accord and the Remaking of the Middle East*, Lanham: Rowman & Littlefield Publishers, 2017, pp.1-23. を参照。

第6章

〈1〉ここでのニムル師の経歴や同師の処刑に関しては、以下の報道に基づく。*IRNA*「「サウジアラビア」の偉大な精神的指導者である殉教者アーヤトッラー・ニムル師の伝記」（二〇一六年一月二日）［https://www.irna.ir/news/81902997/］（最終閲覧二〇二一年六月一日）、*Reuters*「サウジ警察が著名なシーア派法学者を逮捕」（二〇一二年七月九日）［https://www.reuters.com/article/us-saudi-arrest/saudi-police-arrest-prominent-shiite-muslim-cleric-idUSBRE8670GH20120708］（最終閲覧二〇二一年六月一日）、*Aljazeera*「サウジアラビアが四十七名をテロの罪で処刑」（二〇一六年一月三日）［https://www.aljazeera.com/news/2016/01/saudi-announces-execution-47-terrorists-160102072458873.html］（最終閲覧二〇二一年六月一日）。

〈2〉二〇〇一年のアメリカ同時多発テロ事件、いわゆる九・一一事件を実行したテロ組織であり、日本においても二〇〇〇年代には一般的にも知られていた。また同組織の指導者ウサーマ・ビン・ラーディン（オサマ・ビンラディン）が当時のアフガニスタンのターリバーン政権に匿われていた。これにより米国が国連を通じてテロ対策を立法化し、有志連合軍を組織し、アフガニスタンを侵攻する理由となった。

〈3〉近年では米国のトランプ政権によってイランとアル＝カーイダの協力関係が指摘されてきた（e.g. *Fox News*「イランとアルカーイダの繋がりを示す証拠がさらに出現」（二〇一九年五月八日）［https://www.foxnews.com/world/more-ties-between-iran-and-al-qaeda-emerge］（最終閲覧二〇二一年六月一日））。また二〇〇〇年代前半にも両者の協力関係について示唆されてきた（e.g. Gary Sick, "Iran: Confronting terrorism," *The Washington Quarterly* 26(4), 2003, pp.91-92., Paul Hastert, "Al Qaeda and Iran: Friends or Foes, or Somewhere in Between?" *Studies in Conflict & Terrorism*

30(4), 2007.)。

〈4〉このロウハーニーは、大統領であるロウハーニー大統領を指すだけでなく、精神的指導者を意味するロウハーニーというイスラーム法学者の別称も意味しており、イスラーム法学者が政治的に重要な役割を担う現体制の状況を二重に指している。

〈5〉*Radio Fardā*「マシュハド、ニーシャープール、ケルマーンで集会――（物価）高騰に反対するスローガンを口ずさむ」（二〇一七年十二月二十八日）[https://www.radiofarda.com/a/iran_mashhad_neishaboor_kashmar_demonstration_price/28943562.html]（最終閲覧二〇二一年六月一日）。イランにおける社会運動では、しばしば韻を踏んだリズミカルなスローガンが多用される。イラン革命についても、しばしば韻を踏んだスローガンが反王政運動のなかで多用されてきたことが知られている（e.g. Fujinawa Tomoko, "Prose and Verse for Revolution," *Annals of Japan Association for Middle East Studies* 5, 1990.)。

〈6〉*Āftāb*「マシュハドの集会で五二人逮捕」（二〇一七年十二月二十八日）[https://aftabnews.ir/fa/news/498612/]（最終閲覧二〇二一年六月一日）。

〈7〉*BBC Persian*「イランの複数の都市で抗議集会が開催」（二〇一七年十二月二十九日）[https://www.bbc.com/persian/iran-42513271]（最終閲覧二〇二一年六月一日）。デモの動画がアフマディーネジャード元大統領との関係が深いメディアである「ドウラテ・バハール」でも配信されたこともあって、ロウハーニー政権への批判の可能性が第一報では報じられた（*Radio Fardā*、前掲記事、二〇一七年十二月二十八日）。

〈8〉テキストメッセージ、音声メモ、写真、動画の送受信を行えるアプリで、暗号化などの面で他のアプリよりもプライバシー保護が担保されている。

〈9〉*Euro News*「イランの各年で夜の抗議――二人がロレスターン州で殺害」（二〇一七年十二月三十日）[https://farsi.euronews.com/2017/12/30/unrests-in-several-iranian-cities-continued-during-night-as-two-people-killed]（最終閲覧二〇二一

年六月一日）。

〈10〉マシュハドでの抗議運動において既に「レザー・シャーはあなたの魂を喜ばせる」という王政復古を呼びかけるシュプレヒコールが叫ばれていた（*Radio Fardā*「マシュハドの抗議運動で五二名が逮捕」（二〇一七年十二月二十九日）[https://www.radiofarda.com/a/arrest-mashhad-protest-against-high-price/28944528.html]（最終閲覧二〇二一年六月一日））。なおこのシュプレヒコールは、元来は初代パフラヴィー国王に対するものであったが、現皇太子レザー・パフラヴィーのアメリカからの帰還の呼びかけ、つまり王政復古を意味している。

〈11〉二〇一七年十二月三十一日のテヘラン市内の例をあげると、十五時四十五分頃から十七時二十五分にかけてネットワークが切断された。その間、エンゲラーブ広場の北に広がる労働者通りでデモが実施された。

〈12〉*BBC Persian*「ドゥーロフ――イランがテレグラムのアクセスをブロックしている」（二〇一七年十二月三十一日）[https://www.bbc.com/persian/iran-42528758]（最終閲覧二〇二一年六月一日）。

〈13〉*Tasnim*「騒憂への不満をもつ各都市の革命的人々による行進が開催／革命と法学者の統に対する人民の再忠誠」（二〇一八年一月三日）[https://www.tasnimnews.com/fa/news/1396/10/13/1618597/]（最終閲覧二〇二一年六月一日）。

〈14〉たとえば二〇一八年一月六日にテヘラン州のエスラームシャフル郡で行われた賃金と保険をめぐる労働者デモや、一月一十五日に西部ハフト・タッペで起こった労働者によるデモがあげられる。*Āftāb*「数度目のペルシア湾輸送業労働者の集会」（二〇一八年一月七日）[https://aftabnews.ir/fa/news/500632/]（最終閲覧二〇二一年六月一日）、*Radio Fardā*「ハフト・タッペのサトウキビ工場の労働者代表への「覆面の攻撃」」（二〇一八年一月十五日）[https://www.radiofarda.com/a/iran_hafttapeh_ismail_bakhshi_attack_reactions/28979028.html]（最終閲覧二〇二一年六月一日）。

〈15〉第3章注〈23〉を参照。

〈16〉*BBC Persian*「アメリカがイランについて緊急安保理事会を要請」（二〇一八年一月三日）[https://www.bbc.com/persian/world-42547076]（最終閲覧二〇二一年六月一日）、*Radio Fardā*「レザー・パフラヴィーがイランの軍と治安維持部隊に人々との連帯を呼びかけ」（二〇一八年一月三日）［https://www.radiofarda.com/a/28953402.html］（最終閲覧二〇二一年六月一日）。

〈17〉 *Jām-e Jam*「サウジ・マネー、武器輸入のアメリカの計画」（二〇一七年一月五日）［http://jamejamonline.ir/online/3132835633035401627/］（最終閲覧二〇二一年六月一日）。

〈18〉 *Khabargozārī-ye Defā'-e Moqaddas*「イスラーム共和制は風が吹くたびに揺らされる柳ではない」（二〇一八年九月十日）［https://defapress.ir/fa/news/308328/］（最終閲覧二〇二一年六月一日）。

〈19〉 ブライアン・マッスミ「潜勢の政治と先制の優越」長原豊訳、『現代思想』三五巻二号、二〇〇七年、Brian Massumi, "The Future Birth of the Affective Fact: The Political Ontology of Threat," in Melissa Gregg and Gregory J. Seigworth (eds.), *The Affect Theory Reader*, Durham and London: Duke University Press, 2010. 近年の情動（affect）研究は、一九九五年に発表された二つの論文に始まり、異なる情動をめぐる議論の系譜に属するといわれている。その一つはドゥルーズを介したスピノザに起因するマッスミの議論であり、もう一つは心理学者のシルヴァン・トムキンスに由来する欲動と区別した生得主義的な情動に起因するイヴ・セジウィックとアダム・フランクらの議論である（Gregory J. Seigworth and Melissa Gregg, "An Inventory of Shimmers," in Melissa Gregg and Gregory J. Seigworth (eds.), *The Affect Theory Reader*, Durham and London: Duke University Press, 2010, pp.5-6.）。

〈20〉 ジル・ドゥルーズ『スピノザ――実践の哲学』鈴木雅大訳、平凡社、二〇〇二年、一八二―一八八頁。

〈21〉 Brian Massumi, *op. cit.*, p.54.

〈22〉 マッスミらの情動をめぐる議論は、他の分野の情動論の成果とも共通している。情動については、人文・社会科学や情報工学のみならず、脳科学の分野においても活発な議論が行われてきた。人文・社会科学から認知科学や情報工学といった広範な分野で情動的転回ともいうべき研究の展開が起こってきた。この研究の展開については、Gregory J. Seigworth and Melissa Gregg, *op. cit.*, pp.6-9. に八つの分野としてまとめられている。また邦語文献として伊藤守『情動の社会学――ポストメディア時代における〝ミクロ知覚〟の探求』青土社、二〇一七年、三五―三六頁、も簡潔にまとめている。

〈23〉 Narges Bajoghli, *Iran Reframed: Anxieties of Power in the Islamic Republic*, Stanford: Stanford University Press, 2019, pp.45-49.

〈24〉 イラン系アメリカ人のビジネスマンであり、また環境保護活動家でもあるモラード・ターフバーズによれば、イランの環境問題は六つの問題群に分かれる（Morad Tahbaz, "Environmental Challenges in Today's Iran," *Iranian Studies* 49(6), 2016.）。水、気候変動、大気、生物多様性、森林伐採、砂漠化である。問題群というように、それぞれのなかにはいくつかの異なる問題が存在している。たとえば水問題でいえば、水の大量消費や水源の汚染などがあり、前者は人口拡大と農業利用との関係などの問題へと分かれていく。

〈25〉 二〇〇〇年代以降、首都テヘランだけでなく、大気汚染の問題はマシュハドやアラーク、エスファハーンやアフヴァーズさらにはタブリーズなどの地方の都市にも広がっていった（Vahid Hosseini and Hossein Shahbazi, "Urban Air Pollution in Iran," *Iranian Studies* 49(6), 2016, p.1029.）。大気汚染問題と言ってもいくつかの問題系統に分かれている。テヘランや北東部のマシュハド、中部のエスファハーンや北西部のタブリーズといったいずれも数百万人を超える人口が集中する大都市では、大気汚染は一酸化炭素の排出に関連したもの、さらには近年では浮遊粒子状物質（ＳＰＭ）が原因で引き起こされてきた。排出源について言えば、たとえばテヘランではその約八割が車両によるものである（吉村慎太郎「イランの環境問題序説――現状と課題の解明に向けて」『アジア社会文化研究』一九巻、二〇一八年、一一四頁、吉村慎太郎「革命・戦争後の現代イランと環境問題――大気汚染、水資源不足、廃棄物処理問題を事例に」豊田知世・濵田泰弘・福原裕二・吉村慎太郎編『現代アジアと環境問題――多様性とダイナミズム』花伝社、二〇二〇年、二五九―二六〇頁）。他方、中部のアラークでは工場から排出される化学物質による公害が原因であった。またペルシア湾に近い南西部のアフヴァーズでは、砂塵や自然発生する粒子状物質が大気汚染の主な原因である。

〈26〉 Morad Tahbaz, *op. cit.*, p.944., Kaveh L. Afrasiabi, "The Environmental Movement in Iran: Perspectives from below and above," *Middle East Journal* 57(3), 2003, p.433. 革命後も一九七九年に制定された共和国憲法、また一九八九年に改正された現行の共和国憲法においても、環境保全は公的な義務とみなす立場が示されてきた。一九七九年に制定された共和国憲法五〇条には「現在と将来の世代が進歩的な社会建設を担う中で、環境保全はイスラーム共和国において公的な義務とみなされる。環境を必然的に汚染し、取り返しのつかない被害を環境におよぼす経済的及びその他の活動はそれゆえ禁止される」（吉村慎太郎、前掲論文「イランの環境問題序説」、一一一頁）とある。しかし八〇年代は、イラクとの戦争状態にあったことなどから、実態として環境保全への取り組みは後回しにされた。なお革命前からの取り組みに関しては、吉村慎太郎、前掲論文「イランの環境問題序説」、一〇八―一一一頁を参照。

〈27〉 二〇〇〇年代のテヘランをフィールドにイランにおける環境保護運動とイスラーム言説をめぐる阿部哲の研究において顕著である。Abe Satoshi, "An Anthropological Inquiry into the Emergent Discourses and Practices of Environment in Iran: Framing through the Idea of Translation," *Annals of Japan Association for Middle East Studies* 34(1), 2018., Abe Satoshi, "Management of the Environment (mohit-e zist): An Ethnography of Islam and Environmental Politics in Iran," *Japanese Review of Cultural Anthropology* 17(1), 2016., Abe Satoshi, "Iranian Environmentalism: Nationhood, Alternative Natures, and the Materiality of Objects," *Nature and Culture* 7(3), 2012. を参照。

〈28〉 ロビー階と地上一四階、および地下一階からなる。プラースコービルおよび同建物の火災事件についての記述は、*BBC Persian*「プラースコーの一〇階で何があったのか」（二〇一八年一月二十日）[https://www.bbc.com/persian/iran-features-42759494]（最終閲覧二〇二一年六月一日）、*Ṣerāt*「プラースコービルの火災事件の一六人の殉教者について」（二〇一八年一月二十日）[https://www.seratnews.com/fa/news/399318/]（最終閲覧二〇二一年六月一日）、*Fire Rescue 1*「殉職したイランの消防士の葬儀に数千人が参加」（二〇一七年一月二十一日）[https://www.

firerescue1.com/collapse/articles/thousands-attend-funeral-for-fallen-iranian-firefighters-f8j5q0ZuDW81TrjK/]（最終閲覧二〇二一年六月一日）に基づく。

〈29〉 同じ建物で同業種の商店主が事業を行うのは、イラン特有の商業的合理性に基づいている。店子制度の近現代の展開については、岩崎葉子『サルゴフリー店は誰のものか――イランの商慣行と法の近代化』平凡社、二〇一八年、が詳しい。

〈30〉 Shaul Bakhash, s.v. “ELQĀNIĀN, ḤABIB” in *Encycolaedia Iranica Online*, 2013. [https://iranicaonline.org/articles/elqanian-habib]（最終閲覧二〇二一年六月一日）。

〈31〉 *Nasīm*「プラースコービル火災の殉教者たちはまだ「殉教者」になっていない」（二〇一九年十月十五日）[http://nasimonline.ir/Content/Detail/2336315]（最終閲覧二〇二一年六月一日）。

〈32〉 Daniel Hoornweg and Perinaz Bhada-Tata, *What a Waste: A Global Review of Solid Waste Management* (Urban Development Series: Knowledge Paper No. 15), Washington, DC: World Bank, 2012, p.90., Emad Dehghanifard and Mohammad Hadi Dehghani, “Evaluation and Analysis of Municipal Solid Wastes in Tehran, Iran,” *Methods X* 5, 2018, p.313. の調査によれば、テヘラン市のごみの六・〇三%がプラスチックごみであるといわれ、そのうちリサイクル可能なペット製品が一一・四五%であるという指摘がある。Ali Reza Asgari *et. al.*, “Solid Waste Characterization and Management Practices in Rural Communities, Tehran and Alborz (Iran),” *Journal of Solid Waste Technology and Management* 45(1), 2019, p.115. によれば、全国平均でごみ全体の七・七七%がプラスチックごみであり、Emad Dehghanifard and Mohammad Hadi Dehghani, *op. cit.* による調査値は平均よりもやや低い割合になる。

〈33〉 *BBC Persian*「九八年アーバーン月抗議運動の時系列表」（二〇一九年十二月三日）[https://www.bbc.com/persian/iran-50535232]（最終閲覧二〇二一年六月一日）。

終章

〈1〉新型コロナウイルス感染症対策が革命防衛隊およびバスィージによって行われていたことについては、黒田賢治「第六回 イラン流ジハードの流儀――コロナウイルスとの格闘」『アジアと日本は、今』（研究者エッセイ・シリーズ）、立命館大学アジア・日本研究所［http://www.ritsumei.ac.jp/research/aji/publication/essay/number06/］（最終閲覧二〇二一年六月一日）を参照。

あとがき

本書は、筆者にとって二冊目となるイラン・イスラーム共和体制論である。前書では宗教界、本書では「軍」と、革命後のイラン政治、特に現ハーメネイー指導体制にとっての支配の要となる両輪について検討してきた。しかし、宗教界の次にすぐ「軍」の研究に着手したわけではなかった。博士課程での研究成果を中心にまとめあげた前書を上梓した達成感によって、それまであった探究心が満たされたかのように思ってしまったからだ。惰性で研究を続けていくべきか、あるいはいっそ研究をやめてしまおうかと悩んでいた。

ちょうどポスドクとしての採用期間が終了したこともあり、生活のために仕事をする必要に駆られていた。研究・教育以外の仕事も行い、数ヶ所でかけもちしながらほぼ毎日を仕事に費やすことで、文献を読む時間もほとんどなくなり、肉体的にも限界を迎えそうになった。この時に研究を離れたとしても、他人を納得させるには十分な理由があったと思う。

しかし筆者は研究に向かう時間がなくなることで、研究することを強烈に渇望するようになっていた。モハンマド氏と出会ったのは、ちょうどこの頃であった。彼との出会いは、戦争、戦争記憶と継承などの問題群に対する筆者の探究心を一気に掻き立てた。と同時に、自身の探究心の根幹が何であるのかがようやく理解できた。それは、他者に示された説明では納得できていない筆者の個人的背景に関わる問題について考究しようとする欲求だ。もちろん筆者の考究が、誰かが追尋している問いを見つける一助となれば幸甚である。そのためにも、本書のように思索の成果を刊行することは必要だと考えている。もっとも、その考究は一人でできることではなく、様々な人の助けがあってようやく実現できたものである。

本書は、人間文化研究機構（ＮＩＨＵ）ネットワーク型基幹研究プロジェクト地域研究推進事業現代中東地域研究国立民族学博物館拠点の出版助成を得て刊行された。また本書のもとになった調査等については、科学研究費若手研究「現代イランにおける長期的紛争介入構造をめぐる殉教概念の変容と政治言説化の研究」（18K18270）（代表：黒田賢治）ならびに科学研究費若手研究（Ｂ）「現代イランにおける東洋的身体技法の実践とイスラーム的転回をめぐる人類学的研究」（26750266）（代表：黒田賢治）の助成を受けてきた。本書がこれらの研究成果であることをここに記す。

世界思想社の中川大一氏のもとに原稿を持ち込んだ際には、味気のない報告書という体裁であった。そこから本書として刊行できたのは、中川氏による編集者としての的を射たアドバイスの賜物であるといっても過言ではない。もちろん本書を執筆できたのは、職場の環境も大きかったこともいうまでもない。なかでも中川氏を紹介くださった職場の上司である西尾哲夫先生には特に感謝の意を示したい。また日々支えてきてくださった事務職員の方々にも、改めてこの場をかりて日ごろの感謝を述べたい。

自宅にて、黄昏のなかに沈む蝉吟をきっと明日も耳にするものなのだろうと思いながら、運転中に指輪を外しながら筆者に語りかけた、モハンマド氏の姿を思い浮かべている。映画や小説が結末を迎えるのとは異なり、本書の筆をおいてもモハンマド氏や彼の周辺の人々の「物語」は続いていく。数十年後、彼らに関わる筆者はどのような「物語」を記述しているだろうか。

著　者

二〇二一年八月

欧文

ま行

や・ら行

た行

な行

は行

か行

さ行

索　引

あ行

黒田　賢治（くろだ　けんじ）

奈良県出身。国立民族学博物館現代中東地域研究拠点・特任助教／人間文化研究機構総合人間文化研究推進センター・研究員。京都大学大学院アジア・アフリカ地域研究研究科修了。専門は、中東地域研究。近年の編著書に、共編『大学生・社会人のためのイスラーム講座』ナカニシヤ出版、2018年、共著『『サトコとナダ』から考えるイスラム入門――ムスリムの生活･文化･歴史』星海社、2018年、『イランにおける宗教と国家――現代シーア派の実相』ナカニシヤ出版、2015年などがある。また最近の論考に、「近代日本の中東発見――扉を開いた幕末･明治の先人たち」西尾哲夫･東長靖編『中東･イスラーム世界への30の扉』ミネルヴァ書房、2021年などがある。

戦争の記憶と国家　帰還兵が見た殉教と忘却の現代イラン

2021年 9月 30日　第1刷発行

定価はカバーに
表示しています

著　者　黒　田　賢　治

発行者　上　原　寿　明

世界思想社

京都市左京区岩倉南桑原町 56　〒 606-0031
電話 075(721)6500
振替 01000-6-2908
http://sekaishisosha.jp/

（印刷・製本　太洋社）

落丁・乱丁本はお取替えいたします。

ISBN978-4-7907-1760-7